UNA INTRODUCCIÓN A LA METODOLOGÍA DEL DERECHO
-Lógica y Hermenéutica Jurídicas-

HERMANN PETZOLD-PERNÍA

UNA INTRODUCCIÓN
A LA METODOLOGÍA DEL DERECHO

—Lógica y Hermenéutica Jurídicas—

COLECCIÓN ESTUDIOS JURÍDICOS

N° 154

editorial jurídica venezolana

Caracas, 2023

©   HERMANN PETZOLD-PERNÍA

ISBN 979-8-88895-758-5

Editorial Jurídica Venezolana
Sabana Grande, Av. Francisco Solano, Edif. Torre Oasis, Local 4, P.B.
Caracas 1015-A, Venezuela
Teléfonos: +58 (212) 762.2553/762.3842 - Fax: +58 (212) 763.5239
http://www.editorialjuridicavenezolana.com.ve

Impreso por: Lightning Source, an INGRAM Content company
para: Editorial Jurídica Venezolana International Inc.
Panamá, República de Panamá.
Email: ejvinternational@gmail.com

Diseño de Portada: Astrid Petzold

Diagramación, composición y montaje
por: Mirna Pinto de Naranjo, en letra Book Antigua 13,5
Interlineado sencillo, mancha 11.5 x 18

La justicia es, pues, un justo medio,
si por lo menos el juez lo es.
El juez mantiene la balanza equilibrada entre las dos partes.

ARISTÓTELES

Si una norma jurídica no opera real y efectivamente,
no puede ser llamada Derecho, pues se reduce
a un mero pedazo de papel o a unas voces en el desierto.

L. RECASÉNS SICHES

No dura sino lo que es susceptible
de varias interpretaciones.

E. CIORAN

ÍNDICE

INTRODUCCIÓN

El estudio y la conceptualización de la experiencia jurídica en tanto valoración de las relaciones sociales y el análisis iusfilosófico de las técnicas de creación y aplicación del Derecho positivo son hoy en día más importantes que nunca, sobre todo en una sociedad en la cual los fines últimos del ordenamiento jurídico: la seguridad jurídica, la justicia social y, en especial, el bien común parecieran condenados a ser ignorados o desaparecer.

Una carrera universitaria de Derecho que ignore la reflexión filosófico-jurídica no será más que un conjunto de estudios tendentes a una formación jurídica mecanicista, no orgánica, cuyos egresados buscarán especializarse y cultivar exclusivamente una rama del Derecho positivo, o un sector de ésta, con una visión parcial del mismo, ignorando las conexiones esenciales de las partes con el todo. Abogados que, frente a determinados y complejos problemas que plantea la convivencia social en el mundo contemporáneo, se sentirán desarmados e impedidos de resolverlos satisfactoriamente, ya que, si bien son, esencialmente cuestiones jurídico-positivas, también tienen implicaciones valorativas ligadas estrechamente al Derecho positivo concebido como un todo orgánico teleológicamente orientado. Consecuencialmente, sin la adecuada formación jurídico-metodológica y axiológica, los profesionales del Derecho resultarán incapaces para una toma de posición valorativamente comprometida y responsable frente a la realidad social que le corresponde regular al ordenamiento jurídico. O con otras palabras, el operador jurídico no debe obviar, en un momento dado, el sentimiento colectivo de justicia en aras de una aplicación estricta del derecho (olvidando el texto de los Arts. 26 y 257 de la *Constitución de la República Bolivariana de Venezuela**), porque, según su criterio, mantener la seguri-

---

* El Art. 26 de la referida Constitución declara: "Toda persona tiene derecho de acceso a los órganos de administración de justicia para hacer valer sus derechos e intereses, incluso los colectivos o difusos; a la tutela efectiva de los mismos y a obtener con prontitud la decisión correspondiente.

"El Estado garantizará una justicia gratuita, accesible, imparcial, idónea, transparente, autónoma, independiente, responsable, equitativa y expedita, sin dilaciones indebidas, sin formalismos o reposiciones inútiles".

Y el Art. 257 *eiusdem* ordena: "El proceso constituye un instrumento fundamental para la realización de la justicia. Las leyes procesales establecerán la simplificación, uniformidad y eficacia de los trámites y adoptarán un procedimiento breve, oral y público. No se sacrificará la justicia por la omisión de formalidades no esenciales".

dad jurídica es un valor fundamental de la sociedad, pero tampoco debe, so pretexto de satisfacer ese sentimiento colectivo de justicia o de obrar con equidad, sacrificar de manera abierta la seguridad jurídica, sino que debe actuar prudencialmente y buscar el equilibrio, y, para ello, debe tratar que sus decisiones sea experimentadas como razonables, valga decir, que estén de acuerdo con la *idea del derecho* y no aparezcan como complacientes con los intereses individuales de los detentadores oficiales y extraoficiales o fácticos del poder político en el país, pues, como ha escrito Helmut Coing: "La idea del derecho exige que se preserve la dignidad de la persona humana también frente al grupo, el estado o la nación; y exige que el valor propio de la persona sea reconocido por el grupo. El grupo no es el valor supremo; el individuo no puede ser rebajado a

---

El Art. 86 de la *Constitución Política de Colombia* dice: "Toda persona tendrá acción de tutela para reclamar ante los jueces, en todo momento y lugar, mediante un procedimiento preferente y sumario, por sí misma o por quien actúe a su nombre, la protección inmediata de sus derechos constitucionales fundamentales, cuando quiera que éstos resulten vulnerados o amenazados por la acción o la omisión de cualquier autoridad pública.

"(...).

"(...).

"La ley establecerá los casos en los que la acción de tutela procede contra particulares encargados de la prestación de un servicio público o cuya conducta afecte grave y directamente el interés colectivo, o respecto de quienes el solicitante se halle en estado de subordinación o indefensión"

instrumento del grupo. El individuo puede sacrificarse voluntariamente y puede incluso hallar en ese sacrificio la plenitud de su vida personal. Pero el orden jurídico de la comunidad no puede imponer ese sacrificio" (1961:150-151). O como agrega el mismo autor: "La idea del derecho es, según esto, la suma de los contenidos morales (valores) que están esencialmente ligados al desarrollo del derecho. En el centro se encuentran la justicia y la dignidad personal del hombre" (*Ibidem*: 158). Y en el mismo sentido Heinrich Henkel afirma que: "Con la designación **"idea del Derecho"** expresamos que el Derecho debe realizar ciertos valores que sobrepasan el mero momento ordenador, **valores jurídicos** que se expresan en la positivación del Derecho siempre que en los datos de la realidad social lo permita el material jurídico...La idea del Derecho, como idea de valor, contiene, además, una *obligación* nacida del *ethos del Derecho*, a la que se halla vinculado aquel que tiene que establecer y aplicar el Derecho" (1968: 489-490).

Entonces, a mi juicio, quienes obren como órganos estatales encargados de la interpretación y aplicación de las normas jurídico-positivas deben tener siempre presente como límite de sus actuaciones a la *idea del derecho*. O para decirlo con otras palabras: Estimo que el norte de cualquier funcionario judicial o administrativo, independientemente de su jerarquía (pero en especial si es miembro del Tribunal Supremo de Justicia), de conformidad con la competencia y la responsabilidad que le han sido jurídicamente atribui-

14

das, es garantizar y promover el pleno respecto de la dignidad esencial de la persona humana, a fin de que efectivamente coadyuve a que el Estado Social de Derecho llegue a ser una realidad en nuestro país y no una vana esperanza o una ingenua ilusión.

Luego, es precisamente como un modesto aporte a la consecución de dichos objetivos que se ofrece, a los profesionales del Derecho interesados y, en especial a los alumnos de pre y postgrado, la presente obra elaborada por el autor con base en los trabajos producidos en sus actividades como investigador adscrito al Instituto de Filosofía del Derecho de la Universidad del Zulia, y que han sido presentados como ponencias en eventos académicos nacionales o internacionales, y publicados como artículos en Venezuela y/o en el extranjero, dándose así la tan deseada relación entre la investigación y docencia universitarias.

En la quinta *Utopía* (Maracaibo, Venezuela), a los 24 días del mes de mayo de 2008.

Segunda edición revisada en julio de 2023.

I.

SOBRE LA NATURALEZA
DE LA METODOLOGÍA JURÍDICA

Con las denominaciones de **Metodología del Derecho** o **Epistemología Jurídica**, nos podemos referir a una u otra de las dos formas como es concebida, hoy en día, esa disciplina jurídico-filosófica: A la **Filosofía** o **Metodología de la Ciencia del Derecho** y a la **Lógica Jurídica**. Luego, en el presente capítulo pretendo hacer un balance de las tesis formuladas, durante las últimas décadas, por reconocidos autores, aportando también mis modestas consideraciones al respecto.

Ahora bien, al ocuparnos de la **Metodología de la Ciencia del Derecho**, se debe tener presente que, según Karl Larenz, la "teoría del método de una ciencia es una reflexión sobre su propia actividad. Pero no sólo quiere describir los métodos aplicados en la ciencia, sino también entenderlos, es decir: ver su necesidad, su justificación y sus límites. La necesidad y la justificación de un método resulta de la significación, de la peculiaridad estructural del objeto que ha de ser esclarecido con su ayuda. No se puede, pues, tratar de la ciencia del Derecho sin tratar al mismo tiempo del Derecho. Toda teoría jurídica del método se basa en una teoría del Derecho o, por lo menos, contiene una teoría tal. Necesariamente presenta una doble faz: una, vuelta a la dogmática jurídica y la aplicación práctica de sus métodos; otra, vuelta a la teoría del Derecho y, con ello, en definitiva, a la filosofía del Derecho. En esta doble dirección reside la dificultad de la teoría del método, pero tambíen su especial atractivo" (1966: 7).

Más adelante, el mismo autor pertinentemente sostiene "que la ciencia del Derecho es, en efecto, una ciencia (y no sólo una tecnología, aunque *también* sea esto), porque ha desarrollado métodos que apuntan a un conocimiento racionalmente comprobable. A esto no se opone, ni el que no pueda alcanzar nunca *el* grado de exactitud que distingue a las matemáticas y las ciencias naturales, ni el que muchos de sus conocimientos sean sólo de validez condicionada temporalmente. Por lo demás, no todo en el Derecho es tan cambiante como una ley concreta, una teoría "dominante" o la jurisprudencia. Pues detrás de la ley concreta y de su cambiante interpretación se halla el pensamiento jurídico, del que es expresión, y el instituto jurídico al que sirve; se halla un principio que se ha impuesto en la conciencia jurídica general, especialmente en la de los que se ocupan del Derecho; se halla, en definitiva, la idea del Derecho mismo. La ciencia del derecho se ocupa, tanto de lo fugaz como de lo (más o menos) constante; y se ocupa de lo constante *en lo fugaz*, es decir: de la idea en la multitud de sus cambiantes manifestaciones. Su objeto es tanto lo especial -es más, lo individual: la decisión (por lo menos una decisión "defendible") *de este* caso determinado-, como lo general:

el tipo, el instituto jurídico, la idea jurídica general, la conexión de sentido de una regulación" (*Ibidem*: 20-21).

Precisamente, con relación a la **Dogmática Jurídica** o **Ciencia del Derecho**, *stricto sensu*, Henkel escribe que su "objeto es el *orden jurídico dado de una determinada Sociedad en una época determinada*; esto es, un orden jurídico que ha devenido figura histórica concreta. Las distintas disciplinas dogmáticas se reparten entre sí, conforme a la división material del objeto jurídico regulado, la elaboración de los complejos de normas conexos, que de este modo quedan delimitados entre sí. La dogmática jurídica, como *ciencia prácticamente aplicada*, está dirigida a promover la *solución de problemas jurídicos concretos* mediante la correcta interpretación de las normas jurídicas, y a garantizar, mediante la aplicación de los resultados logrados, el adecuado tratamiento jurídico de los casos de la vida real que hay que regular" (1968: 11).

Por otra parte, de acuerdo con Michel Villey, la Metodología del Derecho "se liberó de los sistemas del siglo XIX, de su constructivismo, de su apriorismo... Inspirados por Capograssi, los teóricos del derecho italiano se han agrupado bajo la bandera de "la experiencia jurídica", que ellos se han propuesto analizar sin la mediación de los sistemas...

"No nos faltan trabajos de epistemología del derecho. Lo mejor (...) todavía nos parecen ser las obras alemanas: Viehweg, Engisch, Esser, Zippelius, Martin Kriele... Un equipo de juristas belgas ha minuciosamente explorado, bajo la dirección de Ch. Perelman, los comportamientos judiciales.

"(…).

"La tendencia actual no es más construir un método y una doctrina de las fuentes del derecho, tal como ellas "deberían ser" en función de principios preconcebidos -…-, sino describir, tal como son, los comportamientos normales de los juristas" (1979: 23-24).

Seguidamente, el mismo autor agrega: "Entre las obras recientes, considero que ocupan un lugar central un cierto número de aquellas que llevan la etiqueta de *lógica* del derecho... El oficio del derecho es *intelectual*. El derecho es forjado a golpe de discursos. Nadie duda de esta evidencia…

"De acuerdo con el análisis de los filósofos griegos, se comienza a hablar del derecho, allí donde las partes están en desacuerdo (…) y donde un proceso es organizado. Antes de la ley está el *proceso*. El derecho nace en el momento en que los hombres en conflicto, en lugar de resolverlo por la fuerza, se remiten a la *palabra*; cuando la palabra es establecida, 'en medio' de los hombres, ella se convierte en 'instrumento' de la paz y el orden político (Aristóteles).

"(…)

"La cuna del derecho fue la Retórica, ciencia de la palabra. Ha habido durante largo tiempo un vínculo esas dos artes... El arte de discutir, controvertir y de extraer la decisión de la controversia, de argumentar, de razonar, está en el corazón del método del derecho. Las leyes mismas, medio tardío y no absolutamente necesario (hay litigios que se arreglan sin recurrir a la ley), son también discursos, productos de discursos.

"Por lo tanto, debemos ubicar en el primer lugar, entre las exposiciones de metodología jurídica, algunos libros publicados bajo el título de lógica del derecho o que de manera más general tratan del "pensamiento jurídico" (...); del 'lenguaje del derecho'; de su sintaxis, del 'discurso del derecho'; de las formas específicas del discurso del derecho..." (*Ibidem*: 24-25).

Asimismo, acertadamente, Jan Schapp ha dicho que "toda metodología jurídica reposa sobre un fundamento filosófico...

"La temática de la doctrina tradicional de la metodología jurídica puede ser sintetizada -de forma muy global- en tres preguntas: 1. ¿Cómo aplica el juez la ley al caso que debe ser decidido por él? 2. ¿Cómo se interpretan las leyes? 3. ¿Existe la idea del derecho o un principio de la justicia, y cuál es el significado que tiene esta idea o este principio para la búsqueda del derecho en cuestión?... De modo general está circunscrito con esto el campo de investigación de la metodología jurídica, al menos de manera aproximada" (1985: 5 y 7). Y agrega el referido autor, que "una metodología jurídica permanece incompleta si ella no incluye también la pregunta por la idea del derecho. Las soluciones conducen aquí necesariamente al mundo de la filosofía. La cuestión inicial decisiva es si se considera posible una fundamentación metafísica del derecho o no" (*Ibidem*: 9), dado que, a su juicio, "las cuestiones

de la metodología jurídica no pueden ser tratadas con éxito sin un fundamento que avance hasta la filosofía. De esta manera, filosofía y metodología se interpenetran". (*Ibidem*: 10).

Ahora bien, la **Metodología Jurídica** puede ser entendida también como **Lógica Jurídica** (concebida, como vamos a ver seguidamente, por algunos autores, como la Lógica formal aplicada al campo jurídico, y, por otros, como una Teoría de la argumentación jurídica), es decir, como una disciplina que estudia los razonamientos propios de los profesionales del Derecho, comprendiendo tanto a aquellos que obran como órganos del Estado, encargados de la creación, interpretación y aplicación del Derecho positivo, como a los que simplemente interpretan (y eventualmente aplican) las normas jurídicas, a fin de representar, asesorar, o enseñar, tales como los abogados litigantes, consultores jurídicos, profesores de Derecho, etc., aunque la manera de razonar de los primeros -en vista de la consecuencias jurídicas que se derivan del razonamiento- sea un poco diferente a la de los segundos, dado que no tienen la misma posición o rol social. No obstante, en todo caso, lo que interesa es que la Lógica Jurídica se ocupa fundamentalmente de analizar el razonamiento propio al campo específico del Derecho, que, a mi juicio, coincidiendo con Chaïm Perelman, Luis Recasens Siches, Alessandro Guiliani, Karl Engisch, entre otros autores, es un razonamiento esencialmente dialéctico y práctico. La Metodología Jurídica, así concebida, estudia el modo específico del razonar jurídico y, al hacer esto, también se va a ocupar de las reglas de interpretación y aplicación de las normas y principios del Derecho positivo, es decir, de cómo se hace para interpretar y aplicar éste. En consecuencia, la Metodología Jurídica tiene que ver con la *actuación técnica* y con la *técnica jurídica*, entendiendo la actuación técnica como un *hacer* y la técnica jurídica como un *saber hacer* que se pone en práctica por el operador jurídico cuando va a interpretar y aplicar una determinada norma jurídica general para resolver un caso concreto. Claro que, también al nivel del poder legislativo, se requiere de una técnica jurídica e igualmente hay una actuación técnica. La técnica jurídica son los conocimientos que tiene el legislador sobre cómo hacer una ley, y la actuación técnica es la creación de la ley aplicando las normas superiores de la Constitución (cf. Delgado Ocando, José Manuel, 1969:149, 166 y 167).

Igualmente, con la denominación **Metodología Jurídica** se puede aludir a la **Pedagogía Jurídica**, es decir, al estudio de los métodos y las técnicas que se emplean para la enseñanza-aprendizaje del Derecho. Y en tal sentido, se ha dicho que la "didáctica del derecho es la parte de la pedagogía que tiene por objeto el estudio del proceso enseñanza-aprendizaje del derecho, sus problemas y soluciones, sus métodos y técnicas, así como su planeación, realización y evaluación, con el fin de proporcionar al maestro los elementos fundamentales para su función docente, sustentándose en los contenidos generales de la educación" (Ponce de León Armenta, Luis, 2003:20).

II.
¿QUÉ ES LA LÓGICA JURÍDICA?

Seguidamente procedo a analizar más detenidamente el problema de la Lógica Jurídica y, al respecto, me permito señalar que, desde hace varias décadas, en el ámbito de la Filosofía y de la Ciencia del Derecho existe un significativo debate entre los filósofos y/o lógicos del Derecho que podríamos llamar "formalistas" y los "antiformalistas". Es decir, entre los autores que afirman que es posible hablar de una Lógica Jurídica entendida como el estudio de los resultados de la aplicación de la Lógica formal (ya sea aristotélica o clásica, o bien moderna o simbólica) al razonamiento jurídico, y aquellos otros que opinan que el razonamiento propio de los juristas, ya sea que éstos actúen como órganos del Estado encargados de crear, interpretar y aplicar las normas del Derecho positivo, o solamente como intérpretes de las mismas, tales como abogados litigantes, consultores o asesores jurídicos y profesores de Derecho, es, por el contrario, el objeto de estudio de una Lógica Jurídica definida como la Teoría de la argumentación jurídica.

La primera posición es defendida, entre otros, por Ulrich Klug, Georges Kalinowski y Rupert Schreiber.

Así, Klug sostiene que "la lógica tiene significación fundamental también para la ciencia del Derecho, a no ser que se renuncie en tal dominio a la posibilidad de discutir, a la exposición de pruebas, al establecimiento de fundamentaciones y al desarrollo de teorías" (1961:18), por lo que, en consecuencia, según este autor, "cuando se habla de *lógica jurídica* no se trata de una lógica para la que rijan leyes especiales, sino que sencillamente se designa la parte de la lógica que tiene aplicación a la ciencia jurídica" (*Ibidem*: 20), es decir, en la "*determinación del Derecho* se trata de deducciones, y el análisis lógico de las mismas tiene que entrar en el tema propio de la lógica jurídica. Siguiendo, pues, este uso hemos de decir: La *lógica jurídica es la teoría de las reglas de lógica formal que han llegado a tener aplicación en las cuestiones concretas de la búsqueda del Derecho*" (*Ibidem*: 22-23).

Por su parte, Kalinowski afirma que: "La parte de la lógica que examina desde el punto de vista formal las operaciones intelectuales del jurista así como sus productos mentales: conceptos, divisiones, definiciones, juicios y razonamientos jurídicos, merece, en razón de su objeto específico, el nombre de *lógica jurídica*" (1965:7).

Y, en otro trabajo, sostiene: "Existe una lógica jurídica. Pero ... ella no es lógica más que en la medida en que utilice las reglas lógicas; cuando ella recurre a las reglas no lógicas, especialmente extralógicas, permanece, propiamente hablando, jurídica, pero no es lógica más que por analogía.

"Cierto, ella posee su especificidad... Sin embargo, la lógica jurídica, a pesar de toda su especificidad, en la medida en que ella es, propiamente hablando, lógica, no es más que una aplicación específicamente jurídica de la lógica formal, la única que existe (si el nombre 'lógica' tiene el sentido que le hemos dado), la misma para todos" (1966: 22).

Ese punto de vista de Kalinowski coincide con el de Schreiber, seguidor de Klug, que opina: "Fuera de la regla de sustitución, de la regla fundamental de inferencia y de las reglas de inferencia que de aquí se derivan, no están permitidas otras reglas de inferencia tales como el razonamiento por analogía, a contrario *sensu, a maiore ad minus, a minori ad maius, a fortiori*" (1967: 123). Así, pues, según este autor, esas "reglas de inferencia del lenguaje jurídico (son) inadmisibles" (*Ibidem*: 66).

Ahora bien, Chaïm Perelman refiriéndose a la tesis arriba expuesta escribe que "cuando los profesores Kalinowski y Klug entienden por lógica jurídica el análisis de las nociones y de las estructuras de la lógica formal que se encuentran subyacentes al razonamiento de los juristas y limitan la lógica jurídica a la lógica formal aplicada al derecho, se les reprocha de desviar esta expresión de su sentido tradicional como estudio de las formas de razonamiento propias a los juristas. En la medida en que los juristas no hacen más que utilizar esquemas de razonamiento comunes tales como el silogismo o el *modus ponens*, no es posible hablar de lógica jurídica como no lo es calificar de lógica zoológica, el razonamiento que del hecho que un elefante sea más grande que un zorro y que un zorro sea más grande que un ratón concluye en que un elefante es más grande que un ratón. Si es la misma lógica la que se encuentra en todos los campos, la expresión 'lógica jurídica' es tan insólita como aquella de aritmética jurídica cuando se trata de adicionar el número de actos de venta realizados o registrados por los notarios de un país" (1973:12). Es decir, que como ya en 1918 sostenía E. Ehrlich, la Lógica Jurídica "no consiste en la aplicación de la lógica general a los fines específicos de la jurisprudencia" (cit. por Perelman, 1976: 4-5).

Así, pues, el mismo Perelman nos dice: "La noción de la lógica jurídica no me parece que pueda ser utilizada en un sentido específico innegable, más que si se reconoce, al lado de una lógica formal, que elabore la teoría de la prueba demostrativa, la existencia de una lógica no formal, consagrada al estudio de la argumentación, es decir, del conjunto de razonamientos que vienen a apoyar o combatir una tesis, que permiten criticar o justificar una decisión. La lógica jurídica examinaría las argumentaciones específicas al derecho, tal como ellas, por otra parte, han sido enseñadas, durante siglos, bajo el nombre de 'Tópica jurídica'" (1966:2).

En igual sentido, Alessandro Giuliani ha escrito: "La lógica jurídica, entendida como teoría de la argumentación, lógica de la controversia, lleva necesariamente al terreno de aquella lógica *more iuridico*, que por siglos fue representada en la tradición tópica. En ésta convergieron no sólo la dialéctica sino también la retórica y la sofística. Toda distinción es entendida en sentido relativo: cuando la retórica descuida los aspectos emotivos (…) termina por identificarse con la dialéctica. Entre estas disciplinas (dialéctica, retórica, sofística), no parece posible ni una identificación, que ignore las diferencias, ni una distinción que ignore las conexiones" (1975: 13-14).

Según Ch. Perelman y L.Olbrechts-Tyteca, la Teoría de la argumentación tiene por objeto "el estudio de las técnicas discursivas que permiten provocar o aumentar la adhesión de los espíritus a las tesis que se presentan a su aprobación" (1958: 5).. Y dado que, como apunta el mismo Perelman, "la argumentación interviene, en efecto, en todos los casos en los cuales los hombres deben tomar decisiones, hacer elecciones juiciosas, cada vez que deben deliberar o discutir, criticar o justificar" (1968: 84-85), es evidente, que ella está presente en los procesos constituyente, legislativo y, de manera muy especial, en el judicial, ya que, "es una argumentación, la que, a menudo, será determinante para establecer la convicción del juez, pues ella le permitirá motivar su decisión"(*Ibidem*: 84), por lo que, "la teoría de la argumentación se caracteriza por el hecho de que es elaborada en función del auditorio que se trata de persuadir y de convencer, en la ocurrencia, el juez que se trata de ganar a la causa propia" (*Idem*).

Y compartiendo esa tesis, Giuliani indica que: "La argumentación es una de las más complejas manifestaciones de la actividad humana: la teoría de la argumentación no es la obra de una razón individual. Su edificio ha sido laboriosamente construido a pedazos, a través de la colaboración de generaciones y de escuelas: se revela difícil, en este sector, esperar un real progreso" (1975:15).

A mi juicio, el análisis que hecho de las sentencias tanto del más alto tribunal venezolano como de los tribunales de instancia del país (cf. Petzold-Pernía, H., 1984), me ha demostrado la naturaleza fundamentalmente *dialéctica* o *retórica* del razonamiento jurídico en general, y del judicial en particular, por lo que estimo, indudablemente, que se requiere estudiar las técnicas argumentativas (específicas o no) del razonamiento jurídico más empleadas, como son los razonamientos o *argumenta*: a *contrario sensu, a pari, per analogiam, a fortiori*, etc.(cf. Perelman, 1976:7-10 y 55-57;1973:26, y 1966: 6. Ver también: Kalinowski, 1965:159-171 y Klug, 1961:148-207), cuya utilización, como vimos antes, rechaza Schreiber, así como también otros argumentos examinados por G. Tarello, tales como por ejemplo: *a completudine, a coherentia*, psicológico, histórico, apagógico o *ab absurdo*, teleológico, económico, *ab exemplo*, sistemático y naturalista (cit. por Perelman, 1976: 57-

34

59). Todos esos argumentos y otros son utilizados por los juristas para determinar el sentido y alcance de una norma jurídica cualquiera (interpretación) y para precisar y colmar las lagunas de un Derecho positivo dado (integración).

Además, hay que agregar los tópicos (*topoi*) jurídicos a los que el operador jurídico recurre como argumentos útiles para justificar la interpretación (e incluso la elaboración) de una disposición jurídico-positiva y la decisión judicial o administrativa fundada en ésta. Tópicos jurídicos que, de acuerdo con Perelman, "se refieren a los lugares *específicos* de Aristóteles, que conciernen a las materias particulares, opuestos a los lugares *comunes*, que se utilizan en el discurso persuasivo en general, y de los cuales Aristóteles trató en su *Tópicos* ...

"La importancia de los lugares específicos del derecho, es decir, de los tópicos jurídicos, es la suministrar razones que permiten descartar soluciones no equitativas o irrazonables, en la medida en que éstas descuidan consideraciones que esos lugares permiten sintetizar y que se integran en una visión global del derecho como *ars aequi et boni*.

"(...)

"...Se notará rápidamente que los lugares específicos... no son más que argumentos que se encuentran en todas las ramas del derecho y que dan a su alcance real al razonamiento jurídico que no quiere limitarse a la cita de textos. Algunos afirman principios generales del derecho, otros constituyen máximas o adagios formulados en latín y, en fin, otros indican los valores fundamentales que el derecho protege y pone en obra" (1976: 87-88).

Y a ese respecto, podemos hacer mención de algunos muy conocidos tópicos jurídicos: *Interpretatio cessat in claris, In claris non fit interpretatio, Nullum crimen nulla poena sine lege scripta, Incivile est, nisi tota lege perspecta, una aliqua particula eius proposita, indicare vel respondere, Ubi lex, voluit dixi, ubi noluit tacuit, Inclusius unius, exclusius alterius, In dubio contra fiscum, Lex superior derogat legi inferiori, Lex posteriori derogat legi priori, Lex specialis derogat legi generali, Res judicata pro veritate habetur, Ne ultra petita, Et audiatur altera pars, In dubio pro reo, In dubio pro libertate, Nemo plus iuris transferre potest quam ipse haberet, Quisquis praesumitur bonus, Venire contra factum proprium, Jura scrita vigilantibus,* "Las excepciones son de interpretación estricta", "A lo imposible nadie está obligado", etc., y numerosas nociones tales como las de *igualdad, igualdad jurídica, equidad, seguridad jurídica, buenas costumbres, orden público, buena fe, interés general o público,* etc.(cf. Perelman, 1976: 88-94; Petzold-Pernía, 1984: 75-76.78,82, 100, 104,138,214, 220, etc.).

Por otra parte, el empleo de las *presunciones*, la institución de la *prescripción* y el principio de la *carga de la prueba* caracterizan también el razonamiento jurídico: Estos son los medios utilizados por el derecho positivo para garantizar el *statu quo* vigente en una sociedad dada (cf. Perelman, 1963:212-215; 1970: 31; 1973:26-30. En el mismo sentido: Hans Kelsen, 1962: 457; Guiliani, 1966: 112).

Así, pues, resumiendo, la Lógica Jurídica, entendida como la teoría de la argumentación jurídica o tópica jurídica, es esencialmente jurídica, pero es lógica *lato sensu*, mientras que la Lógica Jurídica concebida como la lógica formal aplicada al derecho, es lógica *stricto sensu*, pero no es jurídica.

III.

CARACTERÍSTICAS Y DEFINICIÓN DEL RAZONAMIENTO JURÍDICO

Ahora bien, en relación con todo lo anteriormente expuesto, estimo conveniente estudiar más detenidamente la *naturaleza del razonamiento jurídico*, ya que éste es uno de los temas fundamentales más arduamente debatido por los teóricos del Derecho, dado que se oponen, por una parte, los autores que sostienen que la naturaleza de dicho razonamiento es *analítica* (lógico-formal) y, por la otra, aquéllos que afirman, por el contrario, que su índole es esencialmente *dialéctica* (retórica), lo que evidentemente hace difícil elaborar un concepto y la consiguiente definición que sean generalmente aceptados. Sin embargo, a pesar de ello me he atrevido a hacerlo, aunque previamente he buscado precisar y exponer las características que, a mi juicio, permiten determinar la naturaleza esencial del razonamiento jurídico[*] (y que el conspicuo iusprocesalista

---

[*] A este respecto ver nuestros artículos: *"Sobre el razonamiento jurídico"*, publicado en la revista *Lex* , Colegio de Abogados del Estado Zulia, Maracaibo, enero-marzo 1987; No. 185, 23-29; en la *Revista de la Facultad de Ciencia Jurídicas y Políticas-Edición Homenaje a Arístides Calvani-*, Universidad Central de Venezuela, Caracas, 1987; No. 67, 49-58; en la revista *Ius et Praxis*, Facultad de Derecho y Ciencias Políticas de la Universidad de Lima-

argentino Augusto M. Morello utilizó, tomándolas de un artículo mío publicado en Argentina, en el capítulo segundo (Gestión y evaluación de la prueba) de una de sus obras: 1991: 46-48).

Empero antes debo señalar que el razonamiento jurídico, según Perelman, es "todo razonamiento que, directa o indirectamente, concierne a la aplicación de la ley, concebida en el sentido más amplio" (1966: 1), mientras que para Kalinowski, en cambio, "el nombre de 'razonamiento jurídico' debería ser dado a todo razonamiento (inferencia)... practicado en lo que se puede llamar 'la vida jurídica' en le sentido más amplio del término. Esta, tomada en su totalidad, comprende no solamente la *elaboración del derecho* (...) sino también el *conocimiento del derecho* tanto teórico, adquirido en diferentes ciencias jurídicas, como práctico, comprendida la *interpretación del derecho* exigida por uno y otro conocimiento y, en fin, la *aplicación del derecho*, la cual no es exclusivamente judicial. De hecho, constatamos, una aplicación de los órganos del poder público de la comunidad, cuyo derecho tomamos en consideración, no siendo los tribunales más que una de las categorías de

---

Perú, junio 1990; No. 15, 205-213, y en el *Anuario de Filosofía Jurídica y Social*, Asociación Argentina de Derecho Comparado (Sección Teoría General), Buenos Aires, Abeledo-Perrot, 1990; No. 8 (Año 1988), 247-257, y "*Raisonnement Juridique*", publicado en el *Dictionnaire Encyclopédique de Théorie et de Sociologie du Droit*, Paris, Librairie Générale de Droit et de Jurisprudence - Bruxelles, E. Story-Scientia, 1988; 333-335.

esos órganos de aplicación del derecho; los órganos del poder ejecutivo aplican el derecho a su modo, de manera, en gran parte, diferente de la manera como aquél es aplicado por los órganos judiciales. A una y otra forma de aplicación del derecho es necesario agregar la aplicación cotidiana del derecho por cada uno de nosotros, pues, es un hecho que pasamos nuestra vida aplicando el derecho" (1970: 20-21).

Coincidiendo parcialmente con dichos autores, opino -que si bien es factible sostener que hay razonamiento jurídico tanto en el nivel de la elaboración de las normas jurídicas generales (legislación) como en el nivel de la interpretación y de la aplicación de esas normas para resolver los casos de especie, ya sea judicial o extrajudicialmente-, únicamente se puede hablar de la existencia de tal razonamiento a condición de que sea el resultado de la actuación de un profesional del Derecho, y teniendo presente que el "razonamiento jurídico se manifiesta, por excelencia, en el proceso judicial" (Perelman, 1976:153).

Las *características* más relevantes del razonamiento jurídico y, sobre todo, del razonamiento judicial, son:

Primera: El razonamiento jurídico es *problemático* o, más bien, *tópico*, pues es elaborado alrededor o en relación con un problema (un caso de la vida real pensado *in abstracto* o, especialmente, *in concreto)* que debe ser resuelto por el jurista: "El razonamiento jurídico es siempre un pensamiento sobre problemas y no un pensamiento sistemático", ha dicho Recaséns Siches

(1971:135). En un sentido parecido, Clarence Morris ha escrito que "el razonamiento jurídico está encaminado a solucionar problemas. Los clientes y los tribunales plantean preguntas. El abogado tiene que encontrar respuestas" (1966:19), agregando más adelante: "Después de todo, la función propia de los jueces es la de resolver problemas" (*Ibidem*: 145). Igualmente, según Kalinowski, "el carácter problemático define frecuentemente el pensamiento jurídico discursivo. Es un rasgo específico" (1966: 21).

Luego, como sostiene Theodor Viehweg, "si es cierto que la tópica es la técnica del pensamiento problemático, la jurisprudencia, como técnica que está al servicio de una aporía, debe corresponder con los puntos esenciales de la tópica." (1964:129). Entonces, si el razonamiento jurídico es determinado por los problemas planteados por la vida social al profesional del derecho, "el oficio del jurista no es solamente conocimiento, *theoria,* sino fabricación, *poiesis;* él implica de la parte del juez, de la doctrina o de la ley, al término de un estudio razonado del caso, una parte de invención creadora y de decisión arbitraria. Toda regla o sentencia del derecho tiene siempre, en algún grado, una función 'performadora'. Según los casos, ellas son más o menos creadoras" (Villey, 1974: 41), pues, como ha dicho Karl-Heinz Ladeur, "esta peculiar apertura a lo posible (del sistema de derecho) no se logra mediante un proceso colectivo de entendimiento gracias a la argumentación racional, sino por una lógica racional 'de enlace experimental de accio-

44

nes, de prácticas, que se estabilizan a sí mismas'. De ahí que pueda revelarse como fructífero preguntar otra vez por paradigmas jurídicos del siglo XIX" (1997: 57).

Segunda: El razonamiento jurídico es *práctico*, puesto que el pensamiento (*mens*) "que inspira a las normas jurídicas es un pensamiento que proviene de la *praxis*, sea por acción o por reacción" (Sebastián Soler, 1969:136); así, pues, "el derecho -escribe Villey- sigue siendo un arte dirigido hacia lo *concreto*. Su objetivo es llegar a soluciones judiciales (al mejor reparto de los bienes y de las cargas) en la medida de lo posible adaptadas a las singularidades de cada *caso*. Todo procedimiento judicial está organizado con el designio de conducir al juez a una visión concreta de cada causa" (1974: 57). Luego, de acuerdo con el tantas veces citado Perelman, el "fallo puesto en forma no se presenta como un conjunto de premisas de las cuales se deduce una conclusión, sino como una decisión justificada por considerandos. Es, en una deducción formal, que la conclusión deriva de manera obligatoria e impersonal de las premisas. Pero, cuando el juez toma una decisión, su responsabilidad y su integridad están en juego: las razones que da para justificar su decisión y para rechazar las objeciones reales o eventuales que se le podrían oponer, suministran una muestra de razonamiento práctico, mostrando que su decisión es justa y conforme al derecho, es decir, que la misma toma en cuenta todas las directivas que le ha dado el sistema de derecho que él está encargado de aplicar –sistema del

45

cual ha recibido su autoridad y su competencia-, sin faltar a las obligaciones que le impone su conciencia de hombre honesto" (1973: 18-19).

Tercera: Otra característica del razonamiento jurídico es la de ser *axiológico*, valga decir que dicho razonamiento está fundamentalmente vinculado a los valores socialmente en vigor que cada derecho positivo debe proteger y promover aún por encima de otros. En consecuencia, los juristas cuando obran como tales, deben tener en cuenta esos valores, y es el juez "quien debe decidir sobre la solución jurídica que zanjará el conflicto a favor de tal o cual valor" (Perelman, 1975: 170), ya que "la aplicación del derecho, el paso de la regla abstracta al caso concreto no es un simple proceso deductivo, sino una adaptación constante de las disposiciones legales a los valores en conflicto en las controversias jurídicas" (Perelman, 1976: 84). Y ello debe ser así, porque el olvido o el desconocimiento de esos valores en las decisiones judiciales o administrativas hace aparecer a éstas como irrazonables, injustas e, incluso, contrarias al derecho positivo vigente. Entonces, la existencia del arbitrio judicial y administrativo no puede hacernos ignorar la verdad del adagio *Lex est aliquid rationis*, es decir, que la *razón* forma parte de la esencia del derecho, en cuanto exigencia de coherencia intrasistemática y de adaptación de todo ordenamiento jurídico a los valores socialmente dominantes, por lo que, en consecuencia, coincidimos, con PERELMAN cuando afirma: "Todo derecho, todo poder legalmente protegido, es concedido con vista a una cierta finalidad; el detentador de ese derecho tiene un poder de apreciación con relación a la manera de ejercerlo. Pero, ningún derecho se puede ejercer en una forma irrazonable, pues lo que es irrazonable no es derecho" (1978: 42. En un sentido parecido: cf. Q.90, arts.1, 2 y 4, q.92, art.1, q.93, art.3, y q.95, art 2, del *Tratado de la Ley en General*, en Santo Tomás de Aquino, 1956: 35-36, 38-39, 42, 74, 95 y 167-168; David, René, 1966: 396-398 y 401-402, y Petzold-Pernía, 1984: 251-252).

Cuarta: El razonamiento jurídico es esencialmente *dialéctico* (o retórico) y no demostrativo o analítico (o lógico-formal), de conformidad con la distinción aristotélica entre razonamientos *demostrativos*, cuyas premisas son verdaderas, primarias e inmediatas, como por ejemplo, el silogismo, y razonamientos *dialécticos*, en los que se razona a partir de premisas constituidas por "opiniones generalmente admitidas", verbigracia, el entimema (cf. *Tópicos*, lib. I cap. 1, 100 a; *Analítica Primera*, lib.I, caps. 1-4, y *Analítica Posterior*, lib. I. cap. 2, 71b, en Aristóteles, 1973: 418, 275-279 y 354-355). Esta característica, la más importante, está determinada por las otras anteriormente expuestas. En efecto, "el proceso de resolver problemas es algo más que la aplicación de la lógica" (Morris, 1966: 54), ya que, "en derecho uno no se contenta con deducir, sino que *argumenta*" (Perelman, 1963: 222), y el "razonamiento jurídico, que es relativo a la descripción, a la aplicación y a la calificación de los hechos, a la selección y a la interpretación de las normas aplicables no es un razonamiento de naturaleza puramente formal. La utilización del silogismo judicial no presenta, en efecto, casi problemas, una vez que uno se pone de acuerdo sobre sus premisas" (Perelman, 1965: V-VI), pues, como en el mismo sentido afirma Villey, "si es verdad que en apariencia el juez de hoy pone su sentencia en una forma silogística, de hecho, su trabajo (como el de los abogados y de los juristas que colaboran con su obra), consiste, en su mayor parte, en la búsqueda de las premisas de ese aparente silogismo, en la elección de los textos que servirán para fundar la decisión, y en la búsqueda del sentido a dar a los textos, lo que se llama interpretación. Nuestro verdadero, nuestro sustancial trabajo (y que no es en absoluto abandonado al empirismo, a la intuición) reside más bien en la invención que en la demostración en forma. Allí juega siempre la dialéctica" (1966: XIII).

Así, pues, el recurso a las técnicas de argumentación jurídica y los *topoi* jurídicos o lugares específicos del derecho, anteriormente citados, empleados como razones o instrumentos intelectuales que permiten justificar las decisiones tomadas por los tribunales -decisiones fundadas sobre la interpretación y aplicación de las normas del ordenamiento jurídico-positivo a los casos concretos (subsunción)·,- demuestra indubi-

---

*   Cf. PETZOLD PERNÍA, Hermann; "El problema de la subsunción y la argumentación jurídica", en *Revista de la Facultad de Ciencias Jurídicas y Políticas*. Universidad Central de Venezuela, Caracas, 1997; N° 104, 103-115; "El problema de la subsunción: Aspectos lógicos y axiológicos", en *Revista de la Facultad de Ciencias Jurídicas y Políticas*...; N° 105, 117-149, y "Breves consideraciones sobre la naturaleza del proceso hermenéutico-jurídico",

tablemente el carácter específicamente *dialéctico* (o retórico) del razonamiento jurídico, en general, y del razonamiento judicial, en especial.

Por ello, Perelman ha podido declarar que "es al jurista, y según los métodos del razonamiento jurídico, a quien incumbe conciliar el espíritu con la letra de la ley, de dar su parte a cada uno de los valores que el sistema de derecho se esfuerza en promover. El razonamiento jurídico se presenta, así como una aplicación específica de la teoría de la argumentación, generalización de la retórica y de la dialéctica greco-romanas" (1973: 22).

Luego, resulta pertinente sostener, con Edward H. Levi, que el "razonamiento jurídico posee una lógica propia" (1964: 132), pues, según el mismo Perelman, "la lógica judicial está enteramente centrada no sobre la idea de verdad, sino sobre la de adhesión. Lo que el abogado busca ganar, con sus alegatos o informes, es la adhesión del juez... Para alcanzar sus fines, el abogado no irá de verdades de partida (los axiomas) hacia verdades demostradas (las teoremas), sino de acuerdos *previos* hacia la adhesión a obtener" (1976:174), y como el juez, a su vez, debe "hacer acep-

---

en *Revista de la Facultad de Ciencias Jurídicas y Políticas*…,1998; N° 106, pp. 69-82, y Consideraciones sobre la subsunción o cómo se elabora la sentencia –hermenéutica jurídica y argumentación-, en Fronesis. *Revista de Filosofía Jurídica, Social y Política*. Instituto de Filosofía del Derecho-Facultad de Ciencias Jurídicas y Políticas-Universidad del Zulia, Maracaibo, 2001; vol. 8, N° 3, 35-61.

tables las decisiones de la justicia, el recurso a las técnicas argumentativas se vuelve indispensable" (*Ibidem*: 137).

En consecuencia, no es posible hablar de una única interpretación "verdadera" o "exacta" o "racional", elegida entre varias otras, de un texto jurídico-normativo sino de una interpretación "razonable" o "irrazonable", o "conveniente" o "inconveniente", en la medida en que el intérprete –un profesional del derecho– haya permanecido dentro de los límites de las diversas posibilidades hermenéuticas que ofrece aquél*. Claro que si el intérprete es un órgano del Esta-

---

* Ahora bien, ello se debe a que la polisemia generalmente caracteriza a los términos, palabras o expresiones empleados en las normas jurídicas, en tal grado, que se puede sostener que es inherente a la esencia misma del derecho positivo, y es así que ya ARISTÓTELES había dicho hace mucho tiempo, que "si la ley es ambivalente, nos servimos de ella de manera que se pueda volver e interpretar en uno de los sentidos y se adapte tanto a lo que es justo como a lo que es conveniente... Si la ley escrita es favorable al caso que tenemos entre manos, hay que decir entonces que aquello que hemos dicho de 'con la mejor conciencia' no vale sólo para hacer justicia al margen de la ley, sino también para que no se cometa perjurio, si se desconoce qué es lo que dice la ley... Y también hay que decir que en nada se diferencian el no haber ley y el no servirse de ella" ("Retórica", lib. I, cap. 15, 1375a/1376a, en *Obras*: 147). Se puede, entonces, afirmar que, para poder comprender e interpretar el *sentido* de las normas jurídicas generales como el significado de las normas elaboradas con base en las mismas (normas jurídicas individualizadas: sentencias, decisiones administrativas, contratos, etc.), hay que analizarlas no solo en el contexto del ordenamien-

do encargado de la interpretación y la aplicación del derecho positivo, su interpretación jurídico-normativa se convierte en *legalmente* "verdadera" (Cf. En el mismo sentido: Kelsen, 1962: 457 y Guiliani, 1966: 112), aunque mejor sería hablar, de una sentencia "justa" o "injusta", "conveniente" o "inconveniente", porque estamos en el ámbito de argumentación, o sea, de los razonamientos dialécticos o retóricos y no de los razonamientos demostrativos o analíticos, o para utilizar de la terminología de Recasens Siches, nos encontramos en el campo de la *"lógica"* o *"logos de lo razonable o de lo*

---

to jurídico-positivo en el cual están ubicadas, sino, también, tener en cuenta el ámbito histórico-social. Luego, es el conjunto de las relaciones *semánticas* (entre las expresiones o términos normativos y lo que ellos expresan o significan), *sintácticas* (entre las expresiones o términos normativos entre sí) y *pragmáticas* (entre las expresiones o términos normativos y sus emisores - vale decir, el legislador *lato sensu*-, y/o los destinatarios, o sea, los intérpretes y/o súbditos jurídicos), lo que va a determinar la interpretación a dar a la norma jurídico-positiva general que se pretende sirva de fundamento a la norma jurídica individualizada que ha de resolver un caso concreto dado. De alguna manera el Art. 4°, primera parte, del Código Civil de Venezuela reconoce esas relaciones cuando declara: "A la Ley debe atribuírsele el sentido que aparece evidente del significado propio de las palabras, según la conexión de ellas entre sí y la intención del legislador". Dicha norma fue copiada casi textualmente por el legislador venezolano del Art. 3° del Código Civil italiano de 1865 y aparece en los sucesivos códigos civiles patrios de 1916, 1922, 1942 y 1982. En los Arts. 28, 29, 30, 31 y 32 del Código Civil de Colombia también, implícitamente, se admiten esas relaciones.

humano" (cf. 1959: 645-665). Y es por ello, que también Perelman, ha dicho que la "lógica jurídica se presenta a como el conjunto de técnicas de razonamiento que permiten al juez conciliar, en cada caso de especie, el respeto del derecho con la aceptabilidad de la solución encontrada" (1982: 31). Asimismo, se debe tener siempre presente que, como escribe K.-H. Ladeur: "Lo nuevo es la emergencia de un sistema de derecho 'sin centro'. Este está sometido a un continuo proceso de búsqueda, de aprendizaje, de pruebas; el 'progreso' es todo menos algo 'cierto', 'seguro'. Tanto es progreso como regreso. Precisamente, la imposibilidad de hacer distinciones 'estables' lo que caracteriza al nuevo derecho: él opera con determinaciones históricas procesuales, cuya aplicación se limita a sí mismo.

No es de extrañar que un proceso abierto, en permanente mutación y revisión, dé lugar a muy diversas interpretaciones" (1997: 57).

Luego, para concluir este capítulo, afirmo que *el razonamiento jurídico es la actividad intelectual discursiva (cognoscitiva y volitiva) del profesional del Derecho, órgano de los poderes públicos o no, dirigida a interpretar (y eventualmente integrar) las normas de un ordenamiento jurídico-positivo dado y, en consecuencia, a determinar su pertinencia para fundar y para justificar una decisión jurídica, a la cual sirve de vehículo de sentido una nueva norma jurídica general (legal o reglamentaria, según se trate de la interpretación de normas constitucionales o legales) o individualizada (sentencia, resolución administrativa, contrato, etc., es decir, de origen judicial, administrativo o negocial), previa utilización de ciertas técnicas argumentativas y el recurso a los tópicos jurídicos o lugares específicos del derecho, con la finalidad de suministrar una solución jurídicamente "razonable", con o sin positividad (es decir, una establecida o no por un órgano del Estado).*

IV.

HERMENÉUTICA, INTERPRETACIÓN Y ARGUMENTACIÓN JURÍDICAS

De acuerdo con Mauricio Beuchot la "hermenéutica es el arte y ciencia de interpretar textos, entendiendo por textos, aquellos que van más allá de la palabra y el enunciado. Son, por ello, textos hiperfrásticos, es decir, mayores que la frase. Es donde más se requiere el ejercicio de la interpretación. Además, la hermenéutica interviene donde no hay un solo sentido, es decir donde hay polisemia. Por eso la hermenéutica estuvo, en la tradición, asociada a la sutileza. La sutileza era vista como un trasponer el sentido superficial y tener acceso al sentido profundo e inclusive al oculto. O como encontrar varios sentidos cuando parecía haber uno solo" (2000: 15-16).

En un sentido parecido, Segundo V. Linares Quintana ha dicho que: "Hermenéutica jurídica es la disciplina científica cuyo objeto es el estudio y sistematización de los principios y métodos interpretativos...; la hermenéutica es la teoría científica del arte de interpretar" (1962: XVI, 481).

E igualmente para Claude du Pasquier, la hermenéutica es "la teoría de la interpretación" (1950: 180-181).

Según Santo Tomás de Aquino, "nadie puede exponer suficientemente por medio de sus palabras todo aquello que concierne al fin que su intención se propone" (1956: VI, 191).

O sea, que para conocer lo que se nos quiere comunicar se requiere de la interpretación. Pero ¿en qué consiste la interpretación?

El filósofo Martín Heidegger, en su magistral obra *El Ser y el Tiempo* dice: "Al desarrollo del comprender lo llamamos 'interpretación'. En ella el comprender se apropia, comprendiendo, lo comprendido. En la interpretación no se vuelve el comprender otra cosa, sino el mismo. La interpretación se funda existenciariamente en el comprender, en lugar de surgir éste de ella. La interpretación no es el tomar conocimiento de lo comprendido, sino el desarrollo de las posibilidades proyectadas en el comprender" (1974: 166).

De ello se deduce que la comprensión es una fase previa a la interpretación la cual explana las posibilidades atisbadas en el comprender, todo dentro de un proceso hermenéutico único.

Según el antes citado filósofo, la "interpretación puede sacar del ente mismo que se trata de interpretar los conceptos correspondientes, o bien forzar al ente a entrar en conceptos en los que se resiste a entrar por su forma de ser. Como quiera que sea, la interpretación se ha decidido en cada caso ya, definitivamente o con reservas, por unos determinados conceptos; se funda en un 'concebir previo'.

"La interpretación de algo como algo tiene sus esenciales fundamentos en el 'tener', el 'ver' y el 'concebir' 'previos'. Una interpretación jamás es una aprehensión de algo dado llevada a cabo sin supuesto. Cuando esa especial concreción de la interpretación que es la exacta exégesis de textos gusta de apelar a lo que 'ahí está', esto que 'ahí está' inmediatamente no es nada más que la comprensible de suyo, la no discutida opinión previa del intérprete, que interviene necesariamente en todo conato de interpretación como lo 'puesto' ya con la interpretación en cuanto tal, es decir, lo dado previamente en el 'tener', 'ver' y 'concebir' 'previos' " (*Ibidem*: 168-169).

Eso significa que la interpretación no es gratuita, "libre", sin antecedentes. Todo lo contrario: en el proceso interpretativo, el intérprete está ya de antemano, previamente, comprometido, puesto que sus conocimientos, creencias, prejuicios, intereses, etc. condicionan su interpretación. Esta es una actividad donde su protagonista, el intérprete, es parte inescindible y *"engagée"*, desde antes de su mismo inicio y durante todo su desarrollo.

La interpretación explícita todas las posibilidades ínsitas en el texto interpretado, descubriendo eventuales interpretaciones ni siquiera vislumbradas por el autor del mismo, pues la "interpretación -como dice Villey- no apunta más que a la explotación de un texto" (1972:7).

Empero, hay unos límites más allá de los cuales la interpretación no podría ser considerada como tal, por no ser legítima o razonable. Por supuesto, que esto plantea el problema de cómo y por quién son o deben ser precisados y fijados dichos límites, lo cual más adelante analizaremos.

También, en *El Ser y el Tiempo*, Heidegger expresa: "En el proyectar del comprender es abierta la posibilidad de los entes. El carácter de posibilidad responde en todos los casos a la forma de ser de los entes comprendidos. Cuando los entes intramundanos son descubiertos a una con el ser del 'ser ahí', es decir, han venido a ser comprendidos, decimos que tienen 'sentido'. Pero lo comprendido no es, tomada las cosas con rigor, el sentido, sino los entes o el ser. Sentido es aquello en que se apoya el 'estado de comprensible' de algo. Lo articulable en el abrir comprensor es lo que llamamos sentido. El *concepto de sentido* abarca la armazón formal de aquello que es necesariamente inherente a lo que articula la interpretación comprensora. *Sentido es el 'sobre el fondo de que', estructurado por el 'tener', el 'ver' y el 'concebir' 'previos', de la proyección por la que algo resulta comprensible como algo"* (*Ibidem*: 169-170).

Vale decir, que el *sentido* es contextual y posibilita la comprensión y, por ende, la interpretación, dado que suministra la referencia estructural, el marco formal, dentro del cual es posible desarrollar "con sentido" el proceso hermenéutico.

En fin, dicho filósofo declara: "Toda interpretación se mueve, además, dentro de la descrita estructura del 'previo'. Toda interpretación que haya de acarrear comprensión tiene que haber comprendido ya lo que trate de interpretar... Pero si la interpretación tiene en cada caso ya que moverse dentro de lo comprendido y alimentarse de ello, ¿cómo va a dar resultados científicos sin moverse en un círculo, sobre todo moviéndose, encima, la comprensión presupuesta dentro del conocimiento vulgar del mundo y de los hombres?

"...No se trata de ajustar el comprender y la interpretación a un determinado ideal de conocimiento, que no es él mismo sino una variedad del comprender que se ha metido en la legítima, pero ardua empresa de apoderarse de lo 'ante los ojos' en su esencial 'incomprensibilidad'. El cumplimiento de las condiciones fundamentales de un posible interpretar radica, antes bien, en no empezar por desconocer las condiciones esenciales para llevarlo a cabo. Lo decisivo no es salir del círculo, sino entrar en él del modo justo... Este círculo no debe rebajarse al nivel de un *circulus vitiosus*, ni siquiera tolerado. En él se alberga una positiva posibilidad de conocer en la forma más original, aunque una posibilidad que sólo es empuñada de un modo genuino cuando la interpretación ha comprendido que su primera, constante y última función es evitar que las ocurrencias y los conceptos populares le impongan en ningún caso el 'tener', el 'ver' y el 'concebir' 'previos', para desenvolver éstos partiendo de las cosas mismas, de suerte que quede asegurado el tema científico...

"Toda interpretación se funda en el comprender. Lo articulado en la interpretación en cuanto articulado en ella y lo diseñado como articulable en el comprender en general, es el sentido. En tanto la proposición (el 'juicio') se funda en el comprender y representa una forma derivada de llevar a cabo la interpretación, *también* ella 'tiene' un sentido" (*Ibidem*: 170-172).

Luego, no se puede ignorar lo "previo", las condiciones que anteceden y rodean el comprender y el interpretar, so pena de hacer una inadecuada interpretación. O sea, que lo importante es "no empezar por desconocer las condiciones esenciales" para realizar el interpretar, ya que lo fundamental "no es salir del círculo, sino entrar en él del modo justo", adaptado al fin hermenéutico.

Ahora bien, de acuerdo con Emerich Coreth, el comprender -en el nivel lingüístico- "tiene, por su esencia, *estructura de diálogo*. Por esto se trata de penetrar en el otro para comprender lo que él quiere decir" (1972:74).

Me parece que la observación de Coreth es de suma importancia, ya que es evidente que para alcanzar una real comprensión y una fructífera interpretación (en el sentido de poder precisar todas las posibilidades hermenéuticas) del texto analizado, es indispensable conocer su autor y el contexto espacio-temporal en el que fue elaborado.

Ahora bien, de acuerdo con Kalinowski, si la "interpretación científica y filosófica puede ser llamada 'teórica' porque apunta a la contemplación de lo que es dicho en los textos interpretados. La interpretación jurídica es, por el contrario, una interpretación práctica. Quien interpreta un texto legislativo (en sentido amplio) quiere llegar a saber, en última instancia, no ciertamente lo que el autor de ese texto ha dicho o ha querido decir (si es que se puede saberlo), sino cómo debe él comportarse o cómo debe comportarse aquél a quien él enseña (caso del profesor de derecho) o aconseja (caso del abogado, por ejemplo). Vivir es obrar. Hay, pues, decisiones que tomar, actos que cumplir, comportamientos que adoptar. El legislador (en sentido amplio) promulga un cierto número de textos que establecen reglas de acción que pueden, que deben, seguramente guiar a aquéllos que tienen que obrar. Estas reglas son de una importancia capital. Así, se las quiere conocer. Pero si ellas revelan, algunas veces, no ser las reglas que se busca, se las hace decir lo que se juzga deseable" (1972: 41-42).

Aquí conviene volver a recordar lo dicho por Aristóteles, hace mucho tiempo, que "si la ley es ambivalente, nos servimos de ella de manera que se pueda volver e interpretar en uno de los sentidos y se adapte tanto a lo que es justo como a lo que es conveniente..."

"Si la ley escrita es favorable al caso que tenemos entre manos, hay que decir entonces que aquello que hemos dicho de 'con la mejor conciencia' no vale sólo para hacer justicia al margen de la ley, sino también para que no se cometa perjurio, si se desconoce qué es lo que dice la ley... Y también hay que decir que en nada se diferencian el no haber ley y el no servirse de ella" (*Retórica*, lib. I, cap. 15, 1375a/1376a, en Aristóteles, 1973:147).

Es por eso, que también resulta acertada la opinión de Eduardo J. Couture al expresar: "El intérprete es un intermediario entre el texto y la realidad; y la interpretación es extraer el sentido, desentrañar el contenido, que el texto tiene con relación a la realidad...

"...El derecho es el todo del objeto interpretado; la ley es sólo una parte. La ley se interpreta extrayendo de ella un significado más o menos oculto; pero la extracción de ese significado supone la consideración de todo el derecho. La ley es siempre derecho, pero no todo derecho es ley" (1950: III, 15-16).

Y, asimismo, cuando más adelante observa "que en cada actitud interpretativa existe un presupuesto, o, como se ha dicho, un sustrato filosófico. Interpretar es, aun inconscientemente, tomar partido en una concepción del derecho, que es como decir del mundo y de la vida. Interpretar es dar vida, hacer viviente una norma... Todo intérprete es, aunque no lo quiera, un filósofo y político de la ley" (*Ibidem*: 26). Esa es también la posición de André-Jean Arnaud cuando declara: "La interpretación jurídica es un asunto de filosofía" (1972: 181).

Por su parte, Kelsen escribe que la "interpretación es, pues, un proceso intelectual que acompaña, necesariamente, el proceso de aplicación del derecho en su progresión de un nivel superior a un nivel inferior...

"(...).

"Si se entiende por 'interpretación' la determinación por vía de conocimiento del sentido del objeto interpretado, el resultado de una interpretación jurídica no puede ser más que la determinación del marco que el derecho interpretado representa, y, por ende, el reconocimiento de las varias posibilidades que existen en el interior de ese marco. Entonces, la interpretación de una ley no debe conducir, necesariamente, a una decisión única tenida como la sola exacta; es posible que ella conduzca a varias decisiones, siendo todas ellas, de igual valor -en la medida en que se tome únicamente, como criterio de valor, la ley a aplicar-, aunque sólo una de entre ellas se vuelva derecho positivo por medio del acto del órgano de aplicación del derecho, en particular, del tribunal" (1962: 453 y 457).

De acuerdo con Perelman, podemos "presentar como tarea de la interpretación jurídica la de descubrir conforme al derecho en vigor, la solución de los casos de especie que se presenten" (1974: 8-9).

O, con otras palabras: No es posible hablar de una única interpretación "verdadera" o "exacta", elegida entre varias otras, de un texto jurídico-positivo, mientras, en todas ellas, el intérprete haya permanecido dentro de los límites de las varias posibilidades hermenéuticas que dicho texto ofrece. Por supuesto, que, si el intérprete es un órgano del Estado encargado de la aplicación del derecho, la interpretación que él elija, resulta, por el solo hecho de la positivización, "absolutizada", es decir, se convierte en jurídicamente "verdadera", sobre todo si el operador jurídico es un juez.

Ahora bien, ello se debe a que la polisemia caracteriza a muchos de los términos o vocablos empleados en las normas jurídicas, en tal grado, que se puede sostener que es inherente a la esencia misma del derecho positivo. Y es por esa razón, que Perelman ha podido expresar: "En efecto, mientras que, en matemáticas, la univocidad de los signos es perfectamente conciliable con el espíritu del sistema que es definido, igualmente, por referencia a criterios formales, a saber, las reglas de sustitución y de deducción, la unidad sistemática del derecho está constituida por referencia a valores y jerarquías de valor que permiten definir la *ratio juris*. Es por referencia a la finalidad del derecho, o mejor dicho, a los diversos fines jerarquizados que se propone cada sistema de derecho, que se contrapondrá el espíritu a la letra de la ley" (1973: 15-16).

Se puede, entonces, afirmar que, para poder comprender e interpretar el *sentido* de las normas jurídicas generales como el significado de las normas elaboradas con base en las mismas (normas jurídicas individualizadas: sentencias, decisiones administrativas, contratos, etc.), hay que analizarlas no solo en el contexto del ordenamiento jurídico-positivo en el cual están ubicadas, sino, también, situarse en el ámbito de un "código social" que no puede ser más que lo que Alf ROSS denomina "tradición de cultura": "En todo pueblo vive una tradición común de cultura que anima todas las formas manifiestas de vida de aquél, sus costumbres y sus instituciones jurídicas, religiosas y sociales. Es difícil describir la naturaleza y esencia de esta tradición. Se puede hablar de un conjunto de valoraciones, pero esta expresión es engañosa porque puede sugerir principios de conducta y *standards* formulados en forma sistemática. Sería mejor decir que bajo la forma de mito, religión, poesía, filosofía y arte, vive un espíritu que expresa una filosofía de la vida que es una íntima combinación de valoraciones (...) y de cosmogonía teorética, que incluye una teoría social más o menos primitiva" (1963: 95).

Esto exige que, en primer término, las palabras sean interpretadas de acuerdo al uso común o vulgar, a menos que las circunstancias presentes en el momento de la aplicación de la norma a un caso concreto, o el contexto normativo, exijan recurrir al significado técnico-jurídico o científico-tecnológico de dichas palabras.

Empero, a menudo, eso no es suficiente para poder alcanzar una interpretación satisfactoria de las normas jurídicas, ya que, frecuentemente, tanto las expresiones del lenguaje natural como las del lenguaje técnico-jurídico y del científico-tecnológico tienen varias significaciones, o sea, que son equívocas o ambiguas y no unívocas.

Aunque como anota Perelman, dado "que una comunidad, regida por reglas de derecho, es, al mismo tiempo, una comunidad lingüística, se supondrá que los términos utilizados en los textos legales deben ser comprendidos según un sentido comúnmente aceptado, a menos que razones especiales justifiquen que uno se aparte de él" (1976: 95).

Entonces, se requiere conocer, a la vez que las circunstancias que rodearon el establecimiento de la norma jurídico-positiva general que se está interpretando *(occasio legis)*, la intención o mente del legislador histórico *(mens legislatoris)* que la sancionó.

Ahora bien, a veces eso tampoco basta para lograr una interpretación *razonable* de una determinada norma jurídica, máxime si ha transcurrido mucho tiempo desde su promulgación. En este caso, lo que procede es precisar, con base en las palabras de la norma, la *mens legis*, o sea, la intención que, en ese momento, es posible descubrir en la misma, independientemente de la voluntad o intención del legislador histórico. Es decir, que en las expresiones generales y abstractas de las disposiciones jurídico-positivas generales están previstos no solamente los casos de especie que pudieron tener en mente los autores de aquéllas, sino también cualesquiera otros casos semejantes que, por la evolución social, pudieran, eventualmente, encontrarse abarcados por los supuestos de hecho de las referidas disposiciones normativas. Claro que éstas no alcanzan a ser interpretadas, en todas sus innumerables posibilidades, si son analizadas aisladamente; por ello las mismas deben ser interpretadas en el contexto normativo donde se encuentran, considerando a éste, más o menos extensamente (o sea, como "microcontexto" o "macrocontexto", para emplear la terminología de Kalinowski (1979: 370)), según los casos, por cuanto hay una cierta coherencia intrasistemática conforme a la cual es posible determinar, *razonablemente*, el sentido y finalidad (*ratio legis*) de las normas jurídicas generales.

Así, pues, las normas jurídico-positivas generales, no pueden ser interpretadas únicamente desde la perspectiva de quien las promulgó (legislador histórico) sino también -y fundamentalmente-, desde la posición del intérprete, quien, para serlo auténticamente, deberá tener en cuenta las necesidades colectivas presentes y las valoraciones sociales vigentes, en el momento de la aplicación de aquéllas a los casos de especie, buscando no la interpretación supuestamente "verdadera" de dichas normas, sino la más *razonable* en cada ocasión concreta, pues "ningún derecho se puede ejercer de una manera irrazonable, pues lo que es irrazonable no es derecho" (Perelman, 1978: 42).

Luego, el jurista va a interpretar y descifrar los mensajes transmitidos, mediante las normas jurídicas (señales), por el legislador (emisor) al súbdito jurídico (receptor), poniendo en lenguaje natural lo que el primero comunica al segundo. Claro que, a veces, las señales son dirigidas al jurista mismo, principalmente, cuando es funcionario público, caso en el cual la función de sustitución que efectúa mediante el "código" se hace, prácticamente, innecesaria o, al menos, no explícita.

Por supuesto, que el jurista en tanto científico (dogmático), teórico o filósofo del derecho, colabora con sus colegas abogados -ya sean éstos, consultores, patrocinantes, jueces o funcionarios administrativos-, con el aporte de su reflexión (doctrina).

Hay que agregar aquí, que la tarea del jurista no se realiza, únicamente, al nivel de la recepción de las señales (interpretación y aplicación de las normas jurídicas generales) sino, también, al nivel de la emisión de las señales (elaboración, sanción y promulgación de las normas jurídicas generales), es decir, cuando se elabora el mensaje, ya que, frecuentemente, quienes fungen de legisladores no son juristas, por lo que, en este caso, se acude a éstos, para que le den forma jurídica a los mensajes. Valga decir, codifiquen éstos en señales inteligibles para quienes conocen el "código".

Entonces, como ya antes en nota del capítulo precedente se sostuvo, es el conjunto de las relaciones *semánticas* (entre las expresiones o términos normativos y lo que ellos expresan o significan), *sintácticas* (entre las expresiones o términos normativos entre sí) y *pragmáticas* (entre las expresiones o términos normativos y sus emisores -vale decir, el legislador *lato sensu*-, y/o los destinatarios, o sea, los intérpretes y/o súbditos jurídicos), las que van a determinar la interpretación a dar a la norma jurídico-positiva general que se pretende sirva de fundamento a la norma jurídica individualizada que ha de resolver un caso concreto dado.

Así, pues, lo anteriormente expuesto, permite afirmar enfáticamente que la tarea hermenéutico-jurídica constituye la esencia de la labor de los hombres del derecho a quienes, como tales, corresponde el rol de indicar el *sentido* cristalizado en las normas jurídicas y determinar la *finalidad* de éstas. O como ha dicho Villey: "El oficio del jurista puede llamarse interpretación. Aunque la cosa haya siempre disgustado a los legisladores despóticos, tal como Napoleón, nosotros los juristas no cesaremos de interpretar" (1972: 3). Y por esto "el más antiguo nombre que haya llevado el jurista en Roma (se lo ha verificado, por ejemplo, en la lengua de Cicerón) es, precisamente, el de *interpres*" (*Idem*).

Ahora bien, según la actitud que adopten como intérpretes -en especial cuando obran como órganos estatales de aplicación del derecho- se estará ante una *hermenéutica "re-creadora del sentido" de las normas del derecho positivo*, preocupada de que este último cumpla su función de acuerdo con la cambiante realidad social, o bien, ante interpretaciones normativas defensoras del *statu quo* y opuestas a la necesidad de renovar el derecho positivo y ponerlo a tono con las transformaciones de la sociedad donde se pretende que el mismo rija y sea eficaz.

Por tanto, como ya se dijo, es totalmente impropio o erróneo calificar de "verdaderas" o "falsas" a la interpretación, y consiguiente aplicación, que se haga de una determinada disposición jurídico-positiva, dado que únicamente se puede hablar de la *razonabilidad* o *irrazonabilidad* del procedimiento hermenéutico y de sus resultados.

Y ello es así, dado que la presencia de determinados argumentos y *tópicos jurídicos* o *lugares específicos del derecho*(cf. Perelman, 1976:87, y Viehweg, 1964), y el manejo de éstos, es lo que, a nuestro juicio, revela la naturaleza tópica o retórica del proceso de interpretación y aplicación de las normas del derecho positivo, y es lo que nos lleva, en última instancia, a sostener que se debe hablar de interpretaciones *razonables* o *irrazonables* de una determinada norma legal o de una norma jurídica general cualquiera, y que no se debe hablar de una interpretación "verdadera" o "falsa". ¿Por qué? Pues, precisamente, porque nos estamos moviendo dentro del ámbito de la argumentación, ya que el razonamiento jurídico es esencialmente *dialéctico* (o retórico) y no demostrativo o analítico (o lógico formal), de conformidad con la distinción aristotélica entre razonamientos *demostrativos*, cuyas premisas son verdaderas, primarias e inmediatas, y razonamientos *dialécticos*, en los que se razona a partir de premisas constituidas por "opiniones generalmente admitidas" (Cf. *Tópicos*, lib. I, cap. 1, 100 a; *Analítica Primera*, lib. I, caps. 1-4, y *Analítica Posterior*, lib. I, cap. 2, 71b, en Aristóteles, 1973:418, 275-279 y 354-355).

Entonces, en el proceso hermenéutico-jurídico, se puede llegar a determinar varias posibles interpretaciones de una norma jurídica general, o sea, que cada norma presenta varias posibilidades hermenéuticas, de las cuales, el intérprete, como abogado, le sugiere a su cliente, una y no otra, pero su interpretación no es vinculante, es decir, si él elige, entre las varias posibilidades hermenéuticas, una determinada, esto no vincula a nadie, ni siquiera a él mismo. Empero, en un juicio, el juez que actúa en éste deberá elegir una de las posibilidades interpretativas que ofrece la norma jurídica con la cual aspira a resolver un caso de especie dado, y esa sí se va a positivizar, ya que esa interpretación de la norma va a servir de fundamento a una decisión judicial y, por tanto, va a tener la posibilidad de ser aplicada coactivamente por un órgano del Estado. Y esa interpretación normativa puede constituir, dependiendo del sistema jurídico, un precedente que puede vincular a otros jueces en el futuro. Claro que puede haber un tribunal superior que, al revisar la sentencia de ese juez, considere que esa no es la interpretación más razonable, y elija otra de las posibilidades hermenéuticas ofrecidas por la norma interpretada.

Sin embargo, y hay que ser enfático en esto, aunque generalmente existe una multiplicidad de posibilidades interpretativas en cada norma jurídica, también hay límites que el operador jurídico no puede o no debe obviar.

En consecuencia, cabe considerar aquí, la cuestión de los límites que tiene el juez en su tarea hermenéutica. Al respecto comenzaremos por observar que, de acuerdo con Carlos Cossio y Jerome Frank (Cf. Cossio, 1964:173 y ss. Frank, 1951: 176 y ss. Este último sostuvo que él fue el primero que sugirió, en enero de 1945, la comparación entre la interpretación de las leyes y la interpretación de las composiciones musicales, pero Cossio demostró que él lo hizo en julio de 1944 (véanse la nota 9, pp. 200-201, del trabajo de Frank, y la nota 64, p. 173, de la obra de Cossio)), es posible establecer una comparación entre la interpretación jurisprudencial y la interpretación musical, por cuanto como posteriormente ha señalado Coing, el "comportamiento de juez es comparable con el del músico respecto de la obra que interpreta" (1961:257).

Así, Cossio dice que "el pianista que ejecuta a Chopin tiene varias posibilidades no contradictorias con la partitura, pero que, no obstante, su destreza, no puede sacar de ella *La Marsellesa* porque entonces cae en contradicción con ella…. De la misma manera, las diferentes interpretaciones que caben en una partitura musical no son todas convincentes" (1964:173-174).

Por su parte, Frank declara: "Así como en la música, tampoco aquí (en la interpretación judicial de las leyes) pueden evitarse las diferencias en la interpretación. Sin embargo, el compositor legislativo prudente estará conforme con la actitud de Krenek con respecto a los ejecutantes musicales: un juez con una personalidad imaginativa proveerá 'un aumento de vitalidad que es de desear…y verdaderamente necesaria a fin de verter el mensaje' legislativo, pues solamente un juez tal podrá leer la ley 'con una visión que trascienda su significado literal'.

"El órgano legislativo es semejante a un compositor. No puede bastarse a sí mismo: tiene que dejar la interpretación a cargo de otros, principalmente los tribunales….

"Los que hoy en día se lamentan de toda forma de 'legislación judicial' en la interpretación de las leyes, se están quejando de la intromisión de la personalidad de los jueces. Con todo, así como Krenek mostró que el efecto de las reacciones personales del intérprete no puede ser excluido, así pensadores jurídicos en número creciente han mostrado que es inevitable el elemento personal en la interpretación de normas. Incluso lo dicho por Krenek tiene también su paralelo judicial: el papel creador de los jueces debe estar siempre limitado, pero, dentro de los límites apropiados, ese papel es una gracia no un mal" (1951: 181-182). Es decir, que, en la interpretación judicial, como certeramente ha expresado Heck: "El límite de las hipótesis de interpretación es el *texto posible*" (cit. por Engisch, 1967: 185).

Y a su vez Perelman escribe: "La interpretación de la ley, para ser aplicada en un caso de especie, debe ser considerada como una hipótesis que no se adoptará, en definitiva, más que si la solución concreta a la cual ella conduce se revela como aceptable. Es únicamente teniendo en cuenta esta doble exigencia, que necesita de un vaivén del espíritu, de la situación vivida a la ley aplicable, que se comprenderá la especificidad del pensamiento jurídico" (1976: 83).

Luego, como consecuencia de lo antedicho, podemos sostener que el *sentido* de las normas jurídicas generales es aquel que le atribuyen los jueces o los demás funcionarios encargados de aplicarlas concretamente (pero en especial los primeros), por lo que la eficacia de tales normas depende de la interpretación que los mismos -conforme a sus creencias, concepciones e intereses y bajo la influencia de un determinado ambiente histórico-social- les den. Empero, como pertinentemente Roberto José Vernengo ha expresado: "En la medida en que las tesis axiológicas implícitas que el juez asuma al sentenciar reflejen valoraciones intersubjetivas -correspondan, por ejemplo, a la opinión pública, o a la orientación de la ciencia jurídica- se considerará que el juez actúa imparcialmente" (1972: 384).

O sea, que defender la tesis antes expuesta por nosotros, no significa desconocer la fundamental importancia de los valores. Es decir, que no propugnamos un escepticismo jurídico o un agnosticismo axiológico, puesto que los *tópicos jurídicos* o *lugares específicos del derecho*, empleados como argumentos útiles para justificar la interpretación de una norma jurídica general (e incluso la elaboración de una norma, en el caso de la integración de las lagunas jurídicas) y la decisión judicial o administrativa fundada en la norma interpretada (o elaborada), expresan los valores colectivos que el derecho positivo del país está obligado a proteger y promover, por lo que la violación o desconocimiento de éstos, puede hacer aparecer no solo como *irrazonable*, sino también como *injusta*, a la interpretación y/o la integración normativa realizada por el juez o el funcionario administrativo. Valga decir, que toda interpretación oficial de una norma jurídico-positiva debe ser experimentada o vivida como *razonable* y *justa* por aquellos a los que el caso concreto, resuelto por la norma interpretada y aplicada, concierne, o, en otras palabras, al auditorio, que abarca a los administrados o las partes litigantes, a los jueces que revisan las decisiones administrativas y las sentencias, y a la opinión pública especializada.

V.

JUSTICIA Y ARGUMENTACIÓN. EL PROBLEMA DE LA SUBSUNCIÓN O CÓMO SE ELABORA LA SENTENCIA

El tema de la elaboración de la sentencia es, quizás, el más importante de la ciencia del Derecho procesal y uno de los más complejos de la Metodología del Derecho, ya que se refiere a la esencia misma del rol del juez, pues, como decía Aristóteles "cuando se produce entre los hombres alguna diferencia, recurren ellos al juez. Ir a encontrar a éste es presentarse ante la justicia, pues el juez es, por así decirlo, la justicia encarnada. En la persona del juez se busca una tercera persona imparcial, y algunos llaman a los jueces árbitros o mediadores, queriendo significar con esto que cuando se habrá hallado el hombre del justo medio, se llegará a obtener justicia.

"La justicia es, pues, un justo medio, si por lo menos el juez lo es. El juez mantiene la balanza equilibrada entre las dos partes" (*Etica Nicomaquea*, libro V, cap. 4, 1132a/1132b, en Aristóteles, 1973:1229).

Por ello, como ha dicho Perelman, la "personalidad de los jueces juega un papel esencial en la administración de justicia, y es necesario, en un estado bien gobernado, jueces competentes e imparciales" (1968, p.85), ya que, como bien se sabe, es a los funcionarios judiciales, a quienes, fundamentalmente, les corresponde declarar, mediante sentencia, si un comportamiento social concreto, interferido, se adecua o no a lo dispuesto en las normas jurídicas generales del ordenamiento jurídico-positivo de un país dado. La constitución, las leyes y demás normas jurídicas generales determinan cómo deben actuar dichos funcionarios encargados de interpretar y aplicar el derecho positivo. Precisamente, el Estado de derecho consiste en que el derecho regula o norma la actividad de los órganos del poder público, lo que significa que los funcionarios y empleados públicos solamente pueden actuar en el ámbito de su respectiva competencia normativamente establecida.

Ahora bien, ¿cómo en realidad se interpreta y aplica la ley, en tanto fuente primordial de las proposiciones o normas jurídicas generales en los sistemas jurídicos comprendidos en la familia de derechos romano-germánica? O, en otras palabras: ¿Cómo se aplica la ley a los casos de especie? ¿Cómo a las situaciones concretas se aplican, previa interpretación, las normas jurídicas generales? ¿Cuál es el sentido y alcance del llamado silogismo judicial? En fin, ¿en qué consiste el proceso de subsunción que permite elaborar la sentencia? ¿Es lógico o axiológico? ¿Racional o razonable?

A continuación, siguiendo en general a Engisch (cf. 1967: 61-85), se analizará el **problema de la subsunción**, es decir, de cómo lograr dar una adecuada solución a un determinado caso concreto de conformidad con las normas del derecho positivo vigente o, más exactamente, de cómo a partir de una proposición jurídica general obtener una proposición jurídica individualizada. Así, pues, al tratar de la subsunción, quiero insistir en lo siguiente: Primero (y sin que sea necesario que nos ubiquemos en un proceso judicial específico, aunque para la explicación podemos tomar un proceso penal), que de lo que se trata es de enjuiciar o valorar el o los actos o las acciones de una determinada persona (y las circunstancias que la rodean) que, por ejemplo, dio muerte otra. Así, se inicia un proceso, en cuya fase probatoria se va a precisar que "X" persona, efectivamente causó la muerte a una persona "Z" en determinadas circunstancias.

Entonces, al tratar de la subsunción, quiero insistir en lo siguiente: Primero (y sin que sea necesario que nos ubiquemos en un proceso judicial específico, aunque para la explicación podemos tomar un proceso penal), que de lo que se trata es de enjuiciar o valorar el o los actos o las acciones de una determinada persona (y las circunstancias que la rodean) que, por ejemplo, dio muerte a otra. Así, se inicia un proceso, en cuya fase probatoria se va a precisar que "X" persona, efectivamente causó la muerte a una persona "Z" en determinadas circunstancias.

Vamos a suponer que "X" es acusada y procesada por presuntamente haberle dado muerte, en su casa, a "Z" ya que, según "X", "Z" irrumpió intempestivamente en horas de la noche. Se inicia el proceso y en la etapa o fase probatoria, mediante las diversas pruebas que a tal efecto se promueven y evacuan y el juez valora, se establece cómo supuestamente acaecieron los hechos en la realidad, pues, lo que se va a subsumir más adelante no son unos determinados hechos sino la conceptualización de esos hechos, es decir, en el expediente lo que queda es la descripción o representación conceptual, lograda gracias al proceso probatorio, de lo que supuestamente ocurrió, como, por ejemplo, que "Z", la persona a la cual "X" dio muerte, era un ladrón, o bien se determina que, por el contrario, era una persona conocida de "X" que estaba de visita en la casa de éste y a la que asesinó, por motivos pasionales y después dijo que no la conocía y había entrado subrepticiamente en su casa, en horas de la noche. Precisamente, Larenz refiriéndose a la elaboración de la premisa menor del llamado silogismo judicial escribe: "A este respecto hay que hacer notar que un hecho nunca puede venir "dado" en la conciencia más que como un hecho que ha sido concebido ya, ordenado categorialmente, y, en ciertos casos, interpretado, dentro de determinadas representaciones generales habituales -por ejemplo, "como" una acción humana dirigida a un fin, "como" expresión de una determinada voluntad, "como" notificación dirigida a otra persona-. Con otras palabras: el objeto de un juicio o apreciación específicamente *jurídica* no es nunca el hecho real en su inmediatividad, el puro *factum*, sino siempre una imagen de representación preformada ya por la conciencia, fundamentada, ciertamente, en percepciones (del mismo juzgador o de otro), pero, además, ordenada ya categorialmente e interpretada conforme a la experiencia" (1966: 215).

Así, pues, si judicialmente son comprobados y conceptualizados determinados hechos, jurídicamente relevantes, y se acepta que, presuntamente, los hechos ocurrieron tal como "X" expuso (pero podría ser lo contrario, como ya se dijo), es con esa información reunida en la fase probatoria del proceso, que el juez va a elaborar la premisa menor del llamado silogismo judicial, en la que simplemente lo que hace es describir, tal como consta en las actas procesales, cómo presuntamente se dieron los acontecimientos. O sea, que no son los hechos en sí, sino la descripción o representación conceptual de estos, expresada mediante una o varias proposiciones declarativas, lo que constituye la premisa menor, la cual podrá, por ejemplo, decir: "X *ante la irrupción intempestiva de "Z" en su casa, en horas nocturnas, se sintió amenazado o fue agredido por éste, y al defenderse le causó la muerte al intruso Z"*.

Seguidamente, el juez va a construir la premisa mayor del silogismo judicial, valga decir, a seleccionar la(s) norma(s) jurídico-penal(es) que, previa interpretación, va a aplicar para resolver ese caso de especie. Así, en el ejemplo antes expuesto, el juez no debería buscar una disposición del Código Penal venezolano que sancione la muerte intencional de una persona (Art. 405), sino que debería acudir más bien a otra norma, como el Art. 423 *eiusdem*, que dispone: "No será punible el individuo que hubiere cometido alguno de los hechos previstos en los dos Capítulos anteriores (que se refieren al homicidio y a las lesiones personales), encontrándose en las circunstancias siguientes:

"De defender sus propios bienes contra los autores del escalamiento, de la fractura o incendio de su casa, de otros edificios habitados o de su dependencia, siempre que el delito tenga lugar de noche o en sitio aislado, de tal suerte que los habitantes de la casa, edificios o dependencias puedan creerse, con fundado temor, amenazados en su seguridad personal.

"Cuando al repeler a los autores del escalamiento, de la fractura o del incendio de la casa, edificios o dependencias, no concurrieren las condiciones anteriormente previstas, la pena del delito cometido sólo se disminuirá de un tercio a la mitad, y el presidio se convertirá en prisión".

Empero, es necesario precisar que el juez, en el proceso de subsunción, que culmina con la construcción del denominado silogismo judicial, al elaborar la premisa mayor de éste, no lo hace con la(s) norma(s) legal(es) en sí y utilizando directamente a ésta(s) como premisa mayor, sino que la(s) emplea para construir una proposición jurídica general que, redactada en forma condicional (*modus ponens*), en el ejemplo que he dado, podría decir: "*Si alguien da muerte, en forma intencional, a una persona, según el Art. 405 Código Penal, la pena debe ser ...*"; o bien: "*Si una persona en determinadas circunstancias (que se describen en el arriba citado Art. 423 del Código Penal) causa la muerte o lesiones personales a alguien (ladrón, incendiario, etc.), de conformidad con el Art. 423 del Código Penal no será punible"*.

Así, pues, la proposición jurídica general que constituye la premisa mayor se fundamenta en una o varias norma(s) jurídica(s) general(es), pero ésta(s) no es (son), como erróneamente se acostumbra afirmar, dicha premisa. Es decir, que hay una proposición jurídica general, que se refiere al contenido de una(s) determinada(s) norma(s) jurídica(s) general(s), que integra la premisa mayor, y con base en esa premisa mayor y en la premisa menor (constituida por una o varias proposiciones declarativas), se llega a una conclusión que viene a ser una proposición jurídica individualizada que expresa la decisión del caso concreto. Sin embargo, para lograr esto, no se sigue un razonamiento puramente lógico-formal o demostrativo, sino que, por el contrario, se trata de un proceso en donde los valores, que el sistema jurídico protege y promueve y a los cuales juez debe adherir, juegan un papel fundamental, lo cual puede verificarse, en primer término, al analizar la fase probatoria del proceso judicial, ya que, en dicha fase, de acuerdo con el correspondiente derecho positivo, el juez examina y valora las pruebas aportadas por las partes litigantes y, eventualmente, según la naturaleza del proceso, llevadas por él mismo al expediente, tales como los documentos, los testimonios, las experticias, los indicios, las inspecciones judiciales, la posible confesión del acusado, etc. Pero, además, hay una serie de factores que ni siquiera van a figurar en el expediente y que van a influir incluso en la determinación o representación conceptual de los hechos, necesaria para elaborar la o las proposiciones declarativas que constituye(n) la premisa menor del silogismo judicial, que dirá que los hechos sucedieron en una forma dada, pero que nunca sabremos si realmente ocurrieron así, dado que solamente nos basamos en lo que se deduce de las pruebas evaluadas por el juez, que al hacer esto, quiera o no, se va comprometiendo con el caso que debe resolver. Y así, van a entrar en juego su concepción del mundo y de la vida, y, por ende, sus creencias religiosas, su ideología, sus prejuicios (como la eventual simpatía que pueda sentir por una de las partes litigantes; por ejemplo, en un país donde existan prejuicios raciales, un juez blanco podría sentir más simpatía por el acusado y lo va a absolver o a sancionar menos severamente si la persona a la que "X" dio muerte, era negra, y el acusado es blanco), etc.

En segundo lugar, los valores del juez tienen un rol preponderante en la selección de la(s) norma(s) jurídica(s) general(s) con fundamento en la(s) cual(es) va a redactar la proposición jurídica general que constituye la premisa mayor del silogismo judicial, puesto que, cuando el operador jurídico ha precisado los hechos y tiene una representación conceptual de estos, va a buscar una o varias norma(s) jurídica(s) general(es) que, a su juicio, le sirva(n) para solucionar satisfactoriamente ese caso de especie, es decir, que le permita(n) dar una respuesta jurídica a éste, dado que esa(s) norma(s) no se le impone(n) en forma evidente, sino que la(s) va a elegir, de acuerdo con sus valores e intereses, y, dependiendo de la naturaleza del caso y del ámbito de su competencia (penal, civil, mercantil, laboral, contencioso-administrativa, etc.), su discrecionalidad como juez será más o menos amplia en la selección de las mismas.

Luego, si la comprobación fáctica que tiene como resultado la premisa menor, es el producto de una serie de actos complementarios de razonamiento y de valoración, lo mismo puede afirmarse de la subsunción en su totalidad. A este respecto, hay que señalar que en la subsunción, previo al procedimiento de adecuación del caso de especie a la norma jurídica general, existe un proceso de asimilación que implica o tiene en muchos casos una naturaleza valorativa, ya que puede suceder que el operador jurídico tenga a mano una disposición legal que se refiere en su supuesto de hecho, *in abstracto,* a un determinado hecho, pero al cual el caso concreto que tiene que subsumir, no se adecua completamente, lo cual es factible que suceda dado que el derecho legislado lo más que puede hacer es regular el presente o el futuro razonablemente previsible, pero los avances científicos y tecnológicos y los cambios sociales contribuyen a que el mismo resulte atrasado o desfasado con respecto a las situaciones concretas que se derivan de esos avances y cambios. Entonces, si el caso de especie no corresponde exactamente a la descripción del supuesto de hecho previsto en la norma jurídica general, cuya consecuencia jurídica se le pretende imputar, el operador jurídico tendrá que determinar en qué consisten las diferencias y las coincidencias entre ambos, y decidir si es semejante y procede, en consecuencia, la aplicación de esa norma, lo que demuestra hasta que punto en la subsunción jurídica hay un procedimiento esencialmente axiológico.

Por ello cabe preguntarse: ¿El juez, en los casos dudosos, estará realizando solamente una interpretación extensiva de la norma o estará recurriendo a la analogía, lo cual es contrario, en el ámbito penal, al principio de la legalidad de los delitos y de las penas? En este último caso, es posible que el juez diga que lo que ha hecho es una interpretación extensiva y no la integración de una laguna jurídica mediante la analogía, porque en el derecho penal se prohíbe ésta. En consecuencia, como se ve, la subsunción tiene una gran dimensión axiológica, además de la lógica. Por ello, en opinión de Engisch, la "interpretación de los conceptos jurídicos constituye en este sentido el presupuesto lógico de la subsunción, la que, a su vez, cuando está realizada, constituye un nuevo resultado de interpretación que puede servir de material de comparación... La interpretación no solo proporciona el material de comparación para la subsunción, sino también el punto de referencia para la comparación. Decide con esto simultáneamente acerca de aquellos momentos del material de comparación y de los supuestos de hecho subsumibles, entre los que es preciso establecer comparación" (*Ibidem*: 78-79.), pues, para emplear palabras de Beuchot, "cada acto hermenéutico conduce a un resultado distinto de lo que se tenía al iniciarlo" (2000: 57).

Y, por su parte, Perelman ha escrito: "La interpretación de la ley, para ser aplicada en un caso de especie, debe ser considerada como una hipótesis que no se adoptará, en definitiva, más que si la solución concreta a la cual ella conduce se revela como aceptable. Es únicamente teniendo en cuenta esta doble exigencia, que necesita de un vaivén del espíritu, de la situación vivida a la ley aplicable, que se comprenderá la especificidad del pensamiento jurídico" (1976: 83).

Así, pues, la subsunción de un caso concreto en el supuesto de hecho de una norma o proposición jurídica general dada, puede ser entendida como la inclusión de ese caso concreto en el grupo de casos (hechos) pensados o descritos *in abstracto* en el supuesto de hecho de la misma y, para ello, previamente, se requiere, tanto de la determinación y conceptualización de dicho caso como de la interpretación de esa norma o proposición jurídica general, debiendo el operador jurídico recurrir a diversas técnicas argumentativas para justificar, adecuadamente, la equiparación que ha realizado entre el nuevo caso de especie y los casos (hechos) descritos *in abstracto* en el referido supuesto de hecho. O como ha dicho Beuchot refiriéndose a la interpretación en general, pero que aquí es pertinente mencionar: "Tiene que ser posible dar argumentos a favor de lo que uno quiere introducir como innovación. Esto es algo que la hermenéutica posee en común con la retórica: se tiene que convencer al auditorio de la nueva interpretación... Hay que conservar y defender la posibilidad de que se ofrezcan argumentos para apoyar la interpretación nueva o la propuesta original que uno quiere añadir a una tradición o con la cual desea superar una tradición. Si se dice que ya no es conmensurable con los argumentos tradicionales, se tiene que hacer un esfuerzo para que los argumentos, por novedosos que sean, puedan ser entendidos y evaluados por sus congéneres. Es por ello preciso no perder la capacidad de argumentación" (*Ibidem*: 74-75).

Precisamente, en este punto, vale pena citar *in extenso* la distinción que hace ENGISCH entre "los conceptos jurídicos indeterminados, los conceptos normativos, los conceptos jurídicos de libre interpretación y las cláusulas generales" (*Ibidem*: 139).

Así, para dicho autor, un concepto indeterminado es "un concepto cuyo contenido y alcance es en gran medida incierto" (*Idem*), verbigracia, "oscuridad", "peligro", "cosa", "antijuricidad". "crimen", "acto administrativo", "hombre", "feto", "medidas adecuadas", etc. (Cf. *Ibidem*, p. 140), aunque, numerosos "conceptos indeterminados son también, en un sentido que habría que dilucidar más de cerca, 'conceptos normativos'... esto no significa que todos los conceptos indeterminados sean al mismo tiempo 'normativos'... ¿Qué debemos, pues, entender por conceptos 'normativos'? Desgraciadamente, la idea de 'concepto normativo' no es en sí misma 'unívoca'. Si se piensa que cada concepto jurídico es elemento constitutivo de una norma jurídica y que a través de ella recibe sentido y contenido, tendríamos verdaderamente que considerar 'normativo' a todo concepto jurídico (y dentro del 'supuesto de hecho legal', a toda característica del supuesto de hecho)...Pero cuando se habla de conceptos jurídicos normativos, a diferencia de conceptos descriptivos, habrá que referirse a algo específico, a algo diferente de la mera pertenencia al sistema de las normas jurídicas, o bien a las características de los supuestos de hecho... Se puede entender por conceptos jurídicos "normativos" aquellos que en oposición a los conceptos descriptivos apuntan a datos que no son simplemente perceptibles o experimentales, sino sólo ser imaginados y comprendidos en conexión con el mundo de las normas" (Cf. *Ibidem*, p. 140) Ejemplos de los primeros son los conceptos de "muerte" y "oscuridad", mientras que de los segundos son "ajena", "matrimonio", "funcionario", "menor de edad", "inmoral", "deshonesto", etc., de los cuales unos son determinados y otros indeterminados (Cf. *Ibidem*, pp. 142-143).Empero, según el mismo autor, la "verdadera significación de lo 'normativo', que al mismo tiempo es la segunda y preferible significación de lo normativo en sentido estricto, podría encontrarse en que siempre se necesita una valoración para poder aplicar un concepto normativo al caso concreto... A los conceptos normativos de este tipo se les llama 'conceptos que necesitan un contenido valorativo'. Con estas terribles palabras se quiere significar que el volumen normativo de estos conceptos tiene que ser llenado con valoraciones en cada caso concreto... De una u otra manera, la valoración en todas las reglas está sujeta a una indeterminación que hace aparecer a los conceptos normativos como una clase especial de los conceptos indeterminados" (*Ibidem*, p. 143).

Por otra parte, Engisch acertadamente señala que "el concepto de libre apreciación se cuenta entre los más equívocos y difíciles de la teoría del derecho" (*Ibidem*, p. 144), y más adelante agrega que en este caso "es necesario interpretar la libre apreciación en el sentido de que la opinión personal de quien ha de formularla ha de tener validez incontrastable... Referido al concepto de apreciación libre de los 'intereses públicos', esto significa: 'Aquello que las autoridades consideran que es el interés público es realmente, desde el punto de vista jurídico, el interés público'... Según Jellinek, es característico del criterio libre el que 'la concepción personal del funcionario administrativo (o del juez, digo yo), sea la que decide'.

Más aún, casos similares pueden en este sentido ser juzgados y decididos de diversa manera por diferentes funcionarios, sin que esto signifique una violación del derecho. 'Esta plurivocidad querida por el legislador' es inmanente a la libre estimación" (*Ibidem*, pp. 146-147).

Y respecto del concepto de cláusula general, el antes citado autor dice que "será conveniente considerarlo como contra concepto de una configuración 'casuística' del supuesto de hecho" (*Ibidem*, p. 152), y luego añade: "Por cláusula general tenemos que entender una redacción expresiva de los supuestos de hecho que abarca con gran generalidad un campo de casos y les señala su correspondiente tratamiento jurídico" (*Ibidem*, p. 153).

Por tanto, con base en todo lo anteriormente expuesto, se puede afirmar, que independientemente de que los conceptos que aparecen en las normas jurídicas generales sean descriptivos, normativos, determinados o indeterminados, de libre apreciación o cláusulas generales, los operadores jurídicos gozan siempre de libertad valorativa, la cual se acrecienta en la medida de que recurran a los tópicos jurídicos, pues, a mi juicio, muchos de ellos son conceptos de libre apreciación.

Ahora bien, cuando el juez, ha realizado la selección de las premisas del silogismo judicial, pues, por una parte, ya determinó o comprobó los hechos a subsumir, y, por ende tiene una representación conceptual de éstos, y, por la otra, eligió la(s) norma(s) jurídica(s) general(s), en la(s) que supuestamente se encuentra la solución al caso de especie, va a proceder a elaborar la sentencia, la cual, en los sistemas jurídicos de la familia de derechos romano-germánica, a la que pertenecen los ordenamientos jurídicos de los países de Europa continental y de América Latina (y varios de Asia y África), requiere ser motivada. (En la familia de derechos del *Common Law*, donde los jueces no están obligados a motivar el fallo, la motivación tiene una finalidad didáctica, pues, tradicionalmente, los abogados, en Inglaterra, no se han formado en las universidades, sino concurriendo a los tribunales y en la práctica en los bufetes, entonces, la única forma de enseñar a los estudiantes de derecho, a los futuros abogados, era y es a través de las motivaciones de los fallos, que tienen una finalidad didáctica, y no son la parte fundamental de la sentencia, que lo es la *ratio decidendi*, sino que a los jueces les gusta lucirse y explicar *obiter dictum*, las razones (*reasons*) de su decisión, pero sin estar obligados a motivar ésta, para instruir a los futuros abogados (Cf. David, R., 1966: 349-350 y 385-386)).

La motivación es parte esencial de todo fallo judicial*, y es aquí donde entra a jugar su papel fundamen-

---

* El Art. 243 del Código de Procedimiento Civil de Venezuela declara: "Toda sentencia debe contener:

"(…).

"4° Los motivos de hecho y de derecho de la decisión".

Y en el mismo sentido, el Art. 365 del Código Orgánico Procesal Penal venezolano ordena: "**Requisitos de la sentencia.** La sentencia contendrá:

"(…).

"La exposición concisa de sus fundamentos de hecho y de derecho".

También el Art. 158 de la Ley Orgánica Procesal del Trabajo de Venezuela dispone que la sentencia debe comprender "una síntesis precisa y lacónica de los motivos de hecho y de derecho", y el Art. 159 *eiusdem* establece que: "El fallo... contendrá....los motivos de hecho y de derecho de la decisión".

El Art. 304 del Código de Procedimiento Civil de Colombia dice: "En la sentencia se hará una síntesis de la demanda y su contestación. La motivación deberá limitarse al examen crítico de las pruebas y a los razonamientos legales, de equidad y doc-

tal la Teoría de la Argumentación, la cual funciona en aquellos campos donde no se manejan verdades racionales sino que se discuten puntos de vista, donde se enfrentan dos o más posiciones, y en donde cada uno de los que argumenta pretende convencer a un determinado auditorio de que su posición es la más *razonable, justa* o *conveniente*; es decir, expone los argumentos que, en su opinión, le servirán para hacer prevalecer sus puntos de vista sobre los eventuales puntos de vista concurrentes. Y esto es lo que ocurre cada vez que un juez zanja una controversia. El juez, cuando motiva su sentencia, lo que persigue, en primer lugar, es convencer a las partes que litigaron en el proceso, y, en segundo término, si es un juez de instancia, va a tratar también de convencer al tribunal superior o de casación que, eventualmente, tendrá que revisar su decisión, y, en última instancia, buscará convencer a la opinión pública especializada, es decir, a los abogados que actúan en el foro, o sea, a la barra de abogados que trabajan en una sociedad dada. ¿De qué va a querer convencerlos? Los va a querer convencer de que su sentencia no solo es conforme al derecho positivo, que está obligado a aplicar, sino también de que esa sentencia es razonable, es conveniente, que es adecuada al caso concreto, y, en especial, que es justa, o sea, que está de acuerdo con lo que en esa sociedad se considera justo,

_____

trinarios estrictamente necesarios para fundamentar las conclusiones, exponiéndolos con brevedad y precisión, y citando los textos legales que se apliquen".

es decir, que su decisión no choca con las valoraciones colectivas y contribuye a realizar el ideal de justicia socialmente vigente. El juez debe (o debería) convencer a las partes litigantes, de tal forma, que éstas tengan la vivencia de que, como declaraba Aristoteles, "el juez es, por así decirlo, la justicia encarnada" (*Ética Nicomaquea*, lib.V, cap.4, 1132a/1132b, en Aristóteles, 1973: 1229). Y, por supuesto, como ya se dijo, también tiene que convencer a los tribunales superiores que, eventualmente, tengan que revisar su sentencia para que ésta no sea revocada y sea aceptada como una decisión conforme al ordenamiento jurídico vigente.

Empero, es indispensable precisar que si bien, en el proceso hermenéutico, se puede llegar a determinar varias posibles interpretaciones de una norma jurídica (general o individualizada)· de las cuales un juez, por ejemplo, de primera instancia, puede elegir una y, posteriormente, un tribunal superior, al revisar su sentencia, estime que esa no es la interpretación más razonable, y elija otra de las posibilidades hermenéuticas ofrecidas por la norma jurídica interpretada, siempre debe tenerse en cuenta que, a pesar de que existe esa multiplicidad de posibilidades interpretativas de cada norma jurídica, hay límites (ontológicos y axiológicos)

---

* Ahora bien, como en su oportunidad se explicó ampliamente, ello se debe a que la polisemia generalmente caracteriza a los términos, palabras o expresiones empleados en las normas jurídicas, en tal grado, que se puede sostener que es inherente a la esencia misma del derecho positivo.

que deberían impedir que al interpretarla se desnaturalice totalmente su sentido y alcance, y la interpretación judicial deje de ser razonable, pues, como certeramente ha expresado el anteriormente citado Heck: "El límite de las hipótesis de interpretación es el *texto posible*" (cit. por Engisch, 1967:185).

Siguiendo a Larenz (1966: 254-255), voy a poner, como ejemplo, el caso de una norma jurídica en la cual se emplee el término "hijos". Así, cabe preguntar: ¿A cuáles hijos se refiere dicha norma? ¿Cuál será el núcleo de esa norma? Posiblemente, nadie va a discutir que se refiere a los hijos legítimos, incluso a los naturales o ilegítimos o extramatrimoniales; o sea, que el "sector nuclear" son los hijos carnales, en general. Pero si se amplía más su alcance, llegaremos a los hijos adoptivos, e incluso podremos llegar a los llamados "hijos políticos", es decir, al "sector marginal".

Pero, habrá un límite en que el intérprete deberá decir "no", ya que, de acuerdo con la *mens legis* de la norma, ésta no puede llegar jamás a comprender a los sobrinos, ni a los primos, y, probablemente, tampoco comprender a los "hijos políticos".

Se trata, entonces, de precisar el núcleo de la norma y la posibilidad de comprender bajo ese término conceptual determinados seres y/o sus actos, sin que se desnaturalice totalmente el sentido de la norma y la interpretación deje de ser razonable.

Es evidente, que, en el ejemplo antes mencionado, sería extender demasiado el sentido y alcance de la norma, si se pretende afirmar que la palabra "hijos" comprende a los sobrinos o a los primos y quizás a los denominados "hijos políticos".

Ahora bien, ¿cómo se determina, si se está recurriendo a una interpretación extensiva o al razonamiento por analogía? Puede que parezca muy forzado llegar, mediante un razonamiento analógico, a comprender a los sobrinos, ¿pero lo sería comprender a los nietos? ¿Por analogía, se podría comprender a los nietos? Y, con la interpretación extensiva, ¿hasta dónde se puede llegar? ¿Hasta a los hijos naturales? ¿O a los hijos adoptivos? ¿O a los hijos políticos? Evidentemente, este no es un problema lógico sino axiológico, donde hay que tener en cuenta la naturaleza de la norma: ¿Es una norma penal? ¿O una norma de derecho privado (civil, mercantil) o de derecho público? En síntesis, el contexto normativo y el *télos*, la finalidad, de la norma.

En consecuencia, aunque la interpretación puede explicitar todas las posibilidades incitas en un determinado texto jurídico-positivo y permite descubrir eventuales interpretaciones ni siquiera vislumbradas por su autor, dicho(s) límite(s) no debe(n) ser transgredido(s), so pena que el resultado o producto del proceso de subsunción -el fallo judicial- sea vivido por los súbditos jurídicos como irrazonable, injusto, inconveniente, inadecuado, etc. y, por tanto, contrario al sentimiento colectivo de justicia vigente.

Pienso, pues, que en general, no se puede hablar de que el resultado o producto del proceso hermenéutico es verdadero o falso, sino de que es razonable, justo, conveniente, adecuado, etc., o por el contrario, irrazonable, injusto, inconveniente, inadecuado, etc.

En el pasado, el máximo tribunal venezolano ha hablado de "interpretación racional", pero yo estimo que más bien debe hablarse de una interpretación experimentada o vivida como "razonable", por aquellos a los cuales la norma interpretada concierne, es decir, al auditorio, que abarca a las partes litigantes, a los jueces, que eventualmente revisan los fallos y a la opinión pública especializada.

Así, pues, hay que rechazar la concepción que generalmente los jueces y la mayoría de los abogados tienen, cuando expresan que el proceso judicial culmina en un simple silogismo, en el cual, por ejemplo, la norma legal (pero podría ser otro tipo de norma jurídica general), sería la premisa mayor; los hechos constituirían la premisa menor, y, por último, la decisión judicial sería la conclusión, pues, aunque, a mi juicio, se puede aceptar que la sentencia tiene una estructura silogística, la tiene en la forma que he expuesto anteriormente. Además, todo fallo debe tener, de conformidad con el Art. 243 del Código de Procedimiento Civil, tres partes: Narrativa (Ords. 1º, 2º y 3º), motivación (Ord. 4º) y decisión (Ords. 5º y 6º). En un sentido parecido lo establece también el Art. 365 del Código Orgánico Procesal Penal. Aunque debe señalarse que, excepcionalmente, el Art. 159 de la Ley Orgánica Procesal del Trabajo ordena que: "El fallo será redactado en términos claros, precisos y lacónicos, **sin narrativa...**" (negritas mías). El Art. 304 del Código de Procedimiento Civil de Colombia dispone que la sentencia contenga "una síntesis de la demanda y su contestación"; la motivación circunscrita "al examen crítico de las pruebas y a los razonamientos legales, de equidad y doctrinarios estrictamente necesarios para fundamentar las conclusiones, exponiéndolos con brevedad y precisión, y citando los textos legales que se apliquen", y la "parte resolutiva… contener decisión expresa y clara sobre cada una de las pretensiones de la demanda, las excepciones, cuando proceda resolver sobre ellas, las costas y perjuicios a cargo de las partes y sus apoderados, y demás asuntos que corresponda decidir, con arreglo a lo dispuesto en este Código".

Aquí conviene agregar, que entre la interpretación jurídica y la teológica hay cierta coincidencia porque al fin y al cabo se trata de interpretar textos (la Biblia, el Corán, etc.) que, en general, contienen mandatos que no han sido establecidos por quien los interpreta y aplica sino que han sido establecidos por un órgano superior, Dios o el legislador, por lo que, entonces, la tarea del intérprete es de hacer conocer a aquellos concernidos por esos mandatos, qué es lo que quiso decir Dios, cuando se trata de un mensaje religioso, o el legislador, cuando se trata de una norma jurídica general.

Así, pues, lo fundamental de la Teoría de la Argumentación es que funciona en aquellos campos (jurídico, filosófico, teológico, docente, político, etc.), donde no se manejan verdades racionales sino que se discuten puntos de vista, donde se enfrentan dos o más posiciones, y en donde las personas que argumentan pretenden convencer a un auditorio de que su respectiva posición es la más *razonable, justa* o *conveniente*; es decir, que exponen argumentos con los cuales persiguen hacer prevalecer sus puntos de vista sobre los eventuales puntos de vista concurrentes.

Vemos pues, y esto sería muy largo de explicar, que cada vez que se va a realizar la interpretación de una norma y a aplicarla para resolver un caso concreto, se manejan determinadas técnicas argumentativas, y así, yo puedo tomar una sentencia cualquiera, y al leer las motivaciones que ha expuesto el juez, descubrir qué tipo de argumentos jurídicos ha empleado, por ejemplo, los argumentos teleológico, apagógico, psicológico, sistemático, *a contrario sensu*, etc., y/o cuáles tópicos jurídicos ha utilizado para justificar la decisión que ha tomado.

En conclusión, en su labor hermenéutica, los operadores jurídicos no deben desconocer los valores colectivos que el derecho positivo del país en el cual actúan protege y promueve, por lo que la violación o desconocimiento de estos valores, hará aparecer no solo como *irrazonable*, sino también como *injusta*, a la interpretación y/o la integración normativa realizada por el juez o el funcionario administrativo y a la decisión basada en la misma.

REFERENCIAS BIBLIOGRÁFICAS

ARISTÓTELES; *Tópicos*, lib. I, cap. 1, 100 a; *Analítica Primera*, lib. I, caps. 1-4; *Analítica Posterior*, lib. I, cap. 2, 71b, y *Retórica*, lib. I, cap. 15, 1375a/1376a, "Ética Nicomaquea, lib. V, cap. 4, 1132a/1132b, en *Obras*. Trad. del griego por Francisco de P. Samarach, 2ª ed., Aguilar, Madrid, 1973.

ARNAUD, André-Jean; *Le médium et le savant - Signification politique de l'interprétation juridique-*, en *Archives de Philosophie du Droit*. Paris, Sirey, 1972; Nº 17 (L' Interprétation dans le droit).

BEUCHOT, Mauricio; *Tratado de hermenéutica analógica. Hacia un nuevo modelo de interpretación*. 2ª ed. UNAM-Ed. Itaca, México, 2000.

COING, Helmut; *Fundamentos de Filosofía del Derecho*. Trad. del alemán por Juan Manuel Mauri), Ariel, Barcelona, 1961.

CORETH, Emerich; *Cuestiones Fundamentales de Hermenéutica*. Trad. del alemán por Manuel Balasch. Herder, Barcelona, 1972.

COSSIO Carlos; *La Teoría Egológica del Derecho y el Concepto Jurídico de Libertad*. 2a. ed. Abeledo-Perrot, Buenos Aires, 1964.

COUTURE, Eduardo J.; *Estudios de Derecho Procesal Civil*. t. III. Ediar, Buenos Aires, 1950.

DAVID, René; *Les Grands Systèmes de Droit Contemporains* (Droit Comparé). 2ième éd. Paris, Dalloz, 1966. O *Los Grandes Sistemas Jurídicos Contemporáneos* (Derecho Comparado). Trad. del francés por Pedro Bravo Gala. Madrid, Aguilar, 1973.

DELGADO OCANDO, José M., *Programa de Filosofía del Derecho Actual*, Edit. Universitaria-Universidad del Zulia, Maracaibo, 1969.

DU PASQUIER, Claude; *Introducción a la Teoría General del Derecho y a la Filosofía Jurídica*. Trad. del francés por Juan Bautista de Lavalle y Julio Ayasta González. 2a. ed. Librería Internacional del Perú, Lima, 1950.

ENGISCH, Karl; *Introducción al Pensamiento Jurídico*. Trad. del alemán por Ernesto Garzón Valdes. Madrid, Guadarrama, 1967.

FRANK, Jerome; *Palabras y Música*: *Algunas observaciones sobre la Interpretación de las leyes* (trad. del inglés por Roberto J. Vernengo), en *El actual pensamiento jurídico norteamericano*. Buenos Aires, Losada, 1951.

GIULIANI, Alessandro; "*La logique juridique comme théorie de la controverse*" en *Archives de Philosophie du Droit*. Paris, Sirey, 1966; N°11 (La logique du droit).

_____; *Lógica del Diritto. Teoria dell´argo mentazione*, en *Enciclopedia del Diritto*. Milano, Giufrè, 1975.

HEIDEGGER, Martín; *El Ser y el Tiempo*. Trad. del alemán por José Gaos. 5a. ed. Fondo de Cultura Económica, México, 1974.

HENKEL, Heinrich *Introducción a la Filosofía del Derecho*. Trad. del alemán por Enrique Gimbernat Ordeig, Taurus, Madrid, 1968.

KALINOWSKI, Georges; *Introduction à la Logique Juridique*. L.G.D.J., Paris, 1965.

_____; *"De la spécificité de la logique juridique"*, en *Archives de Philosophie du Droit*. Paris, Sirey, 1966; N° 11 (La logique du droit).

_____; en *"Discussion"* sobre la exposición de G. KALINOWSKI; *"Le raisonnement juridique et la logique juridique"* en *Etudes de Logique juridique*, publiées par Ch. Perelman, vol IV – "Le raisonnement juridique et la logique déontique", Actes du Colloque de Bruxelles (22-23 décembre 1969)-, Bruxelles, E. Bruylant, 1970.

_____; *Philosophie et logique de l'interprétation en droit* –Remarques sur l' interprétation juridique, ses buts et ses moyens-, en *Archives de Philosophie du Droit*. Paris, Sirey, 1972; N° 17 (L'Interprétation dans le droit).

_____; *L'interprétation du droit et la sémantique. A propos des* travaux de J. Wolenski et T. Gizbert-Studnicki, en *Archives de Philosophie du droit.* Paris, Sirey, 1979; t. 24 (Les biens et les choses), p. 370.

KELSEN, Hans; *Théorie Pure du Droit.* Trad. del alemán por Charles Eisenmann, Paris, Dalloz, 1962.

KLUG, Ulrich; *Lógica Jurídica.* Trad. del alemán por Juan David García Bacca. Caracas, Facultad de Derecho-Universidad Central de Venezuela, 1961.

LADEUR, Karl-Heinz; *Postmoderne Rechstheorie, Selbstreferenz-Selbstorganisation-Prozeduralisierung.* Berlín, Duncker & Humblot, 1995. El texto transcrito ha sido tomado de la reseña de este libro, elaborada por Nolberto A. Espinosa, publicada en *Diálogo Científico, Revista semestral de investigaciones alemanas sobre sociedad, derecho y economía.* vol. 6, No. 2. Instituto de Colaboración Científica, Tübingen, 1997,

LARENZ, Karl; *Metodología de la Ciencia del Derecho.* Trad. del alemán por Enrique Gimbernat Ordeig. Ariel, Barcelona, 1966.

LEVI, Edward H.; *Introducción al Razonamiento Jurídico.* Trad. del inglés por Genaro R. Carrió, Eudeba, Buenos Aires, 1964.

LINARES QUINTANA, Segundo V.; *Interpretación Constitucional,* en *Enciclopedia Jurídica Omeba.* Buenos Aires, Bibliográfica Omeba, 1962; t. XVI.

MORELLO, Augusto M.; *La Prueba. Tendencias modernas.* La Plata-Buenos Aires, Libr. Edit. Platense-Abeledo-Perrot, 1991.

MORRIS, Clarence; *Como razonan los abogados.* Trad. del inglés por María Antonia Baralt, 1ª ed., México, Limusa-Willey, 1966.

PERELMAN, Ch.-OLBRECHTS-Tyteca, L.; *Traité de l´Argumentation.* Paris, P.U.F, 1958; t. I.

PERELMAN, Chaïm; *"La spécificité de la preuve juridique"* en *Justice et Raison*, Bruxelles, P.U.B., 1963.

_____; *"Préface"* de KALINOWSKI, Georges; *Introduction à la Logique Juridique*, Paris, L.G.D.J., 1965.

_____; *"Raisonnement juridique et logique juridique"*, en *Archives de Philosophie du Droit*, Paris, Sirey, 1966; t. 11(La logique du droit).

_____; *Logique et Argumentation*. Bruxelles, P.U.B., 1968.

_____; *"Discussion"* sobre la exposición de G. KALINOWSKI; "Le raisonnement juridique et la logique juridique" en *Etudes de Logique juridique,* publiées par Ch. Perelman, vol IV – "Le raisonnement juridique et la logique déontique", Actes du Colloque de Bruxelles (22-23 décembre 1969)-, Bruxelles, E. Bruylant, 1970.

_____; "*Le raisonnement juridique*" en *Archiv für Rechtsund Sozialphilosophie,* ARSP–Die Juristische Argumentation-,Vorträge des Weltkongresses für Rechtsund Sozialphilosophie (Brüssel, 29.VIII.-3.IX, 1971), Wiesbaden, F. Steiner,Beiheft Neue Folge Nr.7 (1972). Hay traducción castellana: *El razonamiento jurídico*. Trad. del francés por H. Petzold–Pernía, Cuaderno de trabajo No. 5, Maracaibo, Centro de Estudios de Filosofía del Derecho-LUZ-Facultad de Derecho, 1973.

_____; *La interpretación jurídica*. Trad. del francés por H. Petzold- Pernía. Cuaderno de trabajo Nº 7. Maracaibo, Centro de Estudios de Filosofía del Derecho-LUZ-Facultad de Derecho, 1974.

_____; "*La réforme de l'enseignement du droit et 'la nouvelle rhétorique'* ", en *Archives de Philosophie du Droit*. Paris, Sirey, 1975; t. 20 (Réformes du Droit de la famille).

_____; *Logique Juridique. Nouvelle rhétorique*. Paris, Dalloz, 1976.

_____; "*Le raisonnable et le déraisonnable en droit*", en *Archives de Philosophie du Droit*. Paris, Sirey, 1978; t. 23 (Formes de rationalité en Droit).

_____; "*Ontologie juridique et sources du droit*", en *Archives de Philosophie du Droit*. Paris, Sirey, 1982; t. 27 ("Sources" du Droit).

PETZOLD PERNIA, Hermann; *Interpretación e Integración en el Código Civil Venezolano -Hermenéutica Jurídica y Argumentación-*. Maracaibo, Universidad del Zulia-Facultad de Derecho-Instituto de Filosofía del Derecho, 1984.

PONCE DE LEÓN ARMENTA, Luis, *Docencia y Didáctica del Derecho*, México, Porrúa-IIDE, 2003.

RECASENS SICHES, Luis; *Tratado General de Filosofía de Derecho*. 1ª ed. México, Porrúa, 1959.

_____; "*La logique matérielle du raisonnement juridique*" en "*Le Raisonnement juridique*, Actes du Congrès Mondial de Philosophie du Droit et Philosophie Sociale (Bruxelles, 20 août-3 septembre 1971), publiés par Hubert Hubien, Bruxelles, E. Bruylant, 1971.

ROSS, Alf; *Sobre el derecho y la justicia*. Trad. del inglés por Genaro R. Carrió. Eudeba, Buenos Aires, 1963; p. 95.

SANTO TOMAS DE AQUINO; Q.90, arts. 1, 2 y 4, q.92, art.1, q.93, art.3, q.95, art. 2, y q. 96, art. 6, en *Tratado de la ley en general* (trad. del latín por Fr. Carlos Soria, O. P.), en *Suma Teológica*. Trad. por una comisión de PP. Dominicos presidida por el Dr. Fr. Francisco Barbado Viejo, O.P. 2a. ed. B.A.C., t. VI. Madrid, 1956;

SCHREIBER, Rupert; *Lógica del Derecho*. Trad. del alemán por Ernesto Garzón Valdés. Buenos Aires, Sur, 1967.

SOLER, Sebastián; *Las palabras de la ley*, 1ª ed., F.C.E., México, 1969.

VERNENGO, Roberto José; *Curso de Teoría General del Derecho*. Cooperadora de Derecho y Ciencias Sociales, Buenos Aires, 1972.

VIEHWEG, Theodor: *Tópica y Jurisprudencia*, trad. del alemán por Luis Diez-Picazo Ponce de León, Madrid, Taurus, 1964.

VILLEY, Michel; *"Liminaire: Données historiques"* en *Archives de Philosophie du Droit*. t. 11, Paris, Sirey, 1966; (La logique du Droit).

_____; *Préface*, en *Archives de Philosophie du Droit*. N° 17, Paris, Sirey, 1972; (L' Interprétation dans le droit)

_____; *"De l'indicatif dans le droit"* en *Archives de Philosophie du Droit*. t. 19, Paris, Sirey, 1974; (Le langage du Droit).